一目置かれる「会話力」が
ゼロから身につく！

超一流の話し方
見るだけ
ノート

監修
野口 敏
Satoshi Noguchi

宝島社

超一流の話し方
見るだけノート

監修
野口 敏
Satoshi Noguchi

宝島社

超一流の話し方とは？

　新型コロナウイルスに脅かされた2020〜21年は、近年でもっともコミュニケーションの力が求められた2年間でした。

　自粛すべきか、どんな政策をとるべきか、オリンピックは開催すべきか……。今までの暮らしを大きく変えてしまう疫病への対策について、真剣な議論が世界中で交わされました。いろんな立場の人が真摯に意見を述べましたが、多くの人々が納得できる結論を導き出せず、世論は二分されています。とくにアメリカでは分断が進み、選挙後にホワイトハウスが占拠されるような異例の事態に発展しました。日本でも、とるべきコロナ対策について国民の納得が得られないまま、ワクチンの到着を待つばかりの状況です。

　もちろん難題に直面し、コミュニケーションの力が求められているのは政府だけではありません。テレワークの導入やポストコロナに向けた施策など、民間でも新しい試みが必要とされています。前例がないことを実現するためには、意思の疎通が不可欠です。また、家族や仲間うちなどの小さいコミュニティでも、どういった行動を取るべきかの意思決定が以前よりも求められています。さまざまな価値観を持つ人をとりまとめて方針を示すことは、容易ではありません。

　では、どうすればコミュニケーションによって、多くの人を納得させることができるのでしょうか？　どのようなスキルがあれば、自分の意見を上手に伝えられ、友好的な関係を築き、相手の心を動かすことができるでしょうか？

　詳しくは本編でお伝えしますが、コミュニケーションを2つのスキルにわけて考え、それぞれの力を磨いていくのが有効だと考えます。

　ひとつ目は雑談に代表される気持ちのキャッチボールをするスキルで

す。感情のやりとりができない相手には、人は心を開きません。自分を語り、自分の気持ちを伝える。そして相手の話を聞き、その気持ちを感じ取る。これによって私たちは互いを知り、信頼関係を築いていきます。そして気持ちを吐き出し、相手がそれを受け止めてくれることで、ストレスを発散させることができます。だから、一見どうでもいいような内容を語り合うことにも、人が生きて行く上で大きな意味を持つのです。

　同時に、話すのと同じくらい相手の話を聞くことが求められます。この力が足りないと、他人と協力して仕事をすることが難しく、いくら正しいことを伝えても相手の心を動かすことはできません。

　ふたつ目は、自分の考えを相手に伝えるスキルです。どういう根拠に基づいて、どうすべきだと考えているのか。それをわかりやすく伝えることができなければ、連携してプロジェクトを動かしたり、建設的な意見交換をしたりすることができません。このスキルが足りないと、相手を混乱させ、ミスを生み、信頼を損ないます。

　ふたつ目の伝えるスキルが仕事の現場では重視されてきました。しかし、価値観の分断を乗り越えて、新しいことに挑戦する必要があるポストコロナの時代には、感情のキャッチボールをするスキルこそ大切です。価値観の分断を避け、集団をひとつにまとめる力が超一流の人物には求められるからです。

　本書では、この2つのスキルを紹介しています。感情のキャッチボールをするスキルは、話を拡大する力。伝えるスキルは説明に代表されるように、物事をひと言に集約する力です。両者は使用する脳の領域も違うので、人によって得手不得手があります。しかし、苦手なスキルも実践することで向上していきます。本書がコミュニケーションで難局を乗り越える手助けとなるよう、心から願っています。

野口　敏

一目置かれる「会話力」が
ゼロから身につく！

超一流の話し方
見るだけノート
Contents

Chapter01
誰とでも話が途切れない
雑談力の磨き方

Chapter02
シンプルが最強！
超一流の説明の技術

Chapter03
心をつかむ&人を動かす
プレゼン・会議術

Chapter04
苦手な人との会話を
弾ませるコツ

Chapter05
職場の評価が上がる
上司・部下との会話術

Chapter06
オンライン・電話での
上手な話し方

超一流の 話し方の

話が上手な人の話し方には、7つの共通の特徴があります。それらを身につけると、普通の人でも話し上手になり、コミュニケーション力が上がります。

ルール❶

目的志向で話す

雑談なら相手と仲良くなるため。プレゼンならキーマンを動かすため。ただ話したいことを話すのではなく、はっきりとした目的を持って話します。

▶ p16、50、82、114、144、170

7つのルール

ルール❷

映像を思い浮かべて聞く

話を聞くときは相手の話を聞きながら、その言葉をもとに映像を思い浮かべます。映像をイメージすると相手の話を疑似体験できるため、ポイントを外さない相づちが打てるようになります。

▶ p22、24

自分の話をするときも、映像を思い浮かべながら話します。そうすると、相手がイメージできるように間を取って話せるようになり、説明力も上がります。

▶ p30、32

ルール❸

映像が思い浮かぶように話す

ルール❹

相手のニーズに合わせて話す

相手が知りたいこと、話したいことを常に意識して話すと、相手も気持ちよくなります。自分が話したいことを話すのではなく、相手の考えていることは何かを意識して話すのがコツです。

▶ p116、118、120

ルール❺

結論は3語に絞る

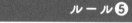

極限までシンプルにした結論を最初に話すと、伝えたいことが伝わり、相手に誤解されることがありません。話の構成もしっかりして、説得力も増やします。

▶ p52、62、64

ルール**❻**

プレゼンはキーマンを動かす意識で

アイデアやプロジェクトの実現のため、キーマンの感性を徹底的に分析し、キーマンが動きたくなるような話し方で話をします。

▶ p84、86

上司に意見するときは、場の雰囲気をよくするため、穏やかな話し方で言いたいことを伝えます。上司や部下も安心でき、コミュニケーションが活発化するためチームの生産性も上がります。

▶ p146、154、162

ルール**❼**

上司への意見は疑問形で

話し方を変えると

話すのが苦手な人ほど、話し方が改善すると人生が変わります。超一流の話し方を身につけて、人生が変わった実例を3つ紹介します。

魅力的な数字から話して
年収 350 万円→1050 万円に

利子が
180倍

収入 3 倍

外資系保険セールス職

話のポイントを押さえられていなかった、営業マンのAさん。相手に響く言葉を突きつめたことで、一躍トップセールスマンになりました。年収は3倍になり、自信が持てるようになりました。

人生が変わる

相手の知りたい結論から
話して注文殺到！

軽い

静か

清潔

契約倍増

製造会社社長

専門知識に自信があるあまり、小難しい話ばかりしていたカバン製造会社のB社長。相手がイメージしやすいメリットを話すようにしたところ、小売店からの注文が倍増しました。

映像を思い浮かべる聞き方・話し方で
気難しい上司のお気に入りに

評価アップ

1年目の会社員

上司の言葉をうわべだけで聞いていて、印象が悪かった新入社員のCさん。映像を思い浮かべて聞いたり、話したりするようにしたら、感情がこもった会話ができるようになり、上司との距離が縮まりました。

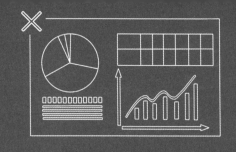

01 Chapter

HANASHIKATA
mirudake note

誰とでも話が途切れない
雑談力の磨き方

雑談はコミュニケーションにおける大事なファーストステップ。 ここで相手とよい人間関係が築けるかが決まります。 まずは話を上手に聞く習慣づくりから始めましょう。 映像を思い浮かべる聞き方・話し方ができると、 相手との距離をグッと縮められます。

「ウケ・まとめ思考」はやめ感情を伝えあう

雑談での人間関係構築は、会話術の第一歩。感情に着目して話すのが、短い時間で友好を深めるのに有効な方法です。

ビジネの場面に限らず日常会話においても、雑談は重要です。関係が浅い知人との会話、取引先との商談前、イベントでの歓談……。さまざまな場面で雑談の機会があり、そこで培った関係性が信頼や出世につながります。ビジネスシーンでも、**「信頼できるから、あの人に任せてみよう」と思ってもらえれば、チャンスが舞い込んできます**。逆にどんなに有利な提案をしても、普段からの関係がよくなければ契約を勝ち取れない可能性があります。

雑談の目的は人間関係の構築

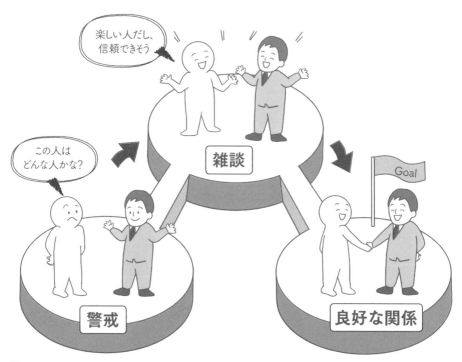

さて、これらを踏まえると雑談の目的は「**人間関係の構築**」にあると言えます。でも、その目的の達成のために上手に話している人は多くありません。ウケを狙ってがんばって話したり、相手の話を一生懸命聞いて「こういうことですね⁉」と理解を示したりしても、相手と思ったほど仲良くなれなかった経験は誰にでもあるのではないでしょうか。**雑談で仲良くなるためには、じつは、フィーリング（感情）を伝え合うことが大切**なのです。「こないだ○○へ行きました」より、「○○へ行ったんですが、すごく楽しかったんです」のほうが、相手の人となりがわかって信頼関係が築けます。話すほうも自分の感情を聞いてもらえたほうが、相手との距離がグッと縮まります。

着目すべきは相手の"フィーリング"

ウケ思考

がんばっておもしろい話をするのがよい方法だという考え方。笑いが起きても感情の交換が起きないのであまり仲良くなれない。

まとめ思考

相手の話を要約し、結論を先に言ってしまう話し方。相手の話をさえぎり、感情を伝え合う機会を奪ってしまうので仲良くなれない。

フィーリング思考

感情のやり取りをするのがよい方法だという考え方。内面的な部分を話せるので信頼感が高まり、仲良くなれる。

02 最初の5分で印象決定!? あなどれない雑談の効果

相手に好印象を与え、長期にわたって良好な関係を築くには最初が肝心です。それは科学的に証明されています。

「人間関係の構築」に役立つ雑談の仕方を説明する前に、なぜ雑談が重要なのかを確認しておきましょう。言うまでもなく、雑談は人間関係構築の最初のステップです。初対面や名刺交換のあと……、出会ってすぐに雑談は行われます。人間が相手に関する情報をインプットするときに、最初の印象はとくに重要になります。ポーランド出身の心理学者、ソロモン・アッシュの実験では、以下のようなことがわかっています。「ある人物の性格を表した6つの形容詞を、順

ソロモン・アッシュの初頭効果

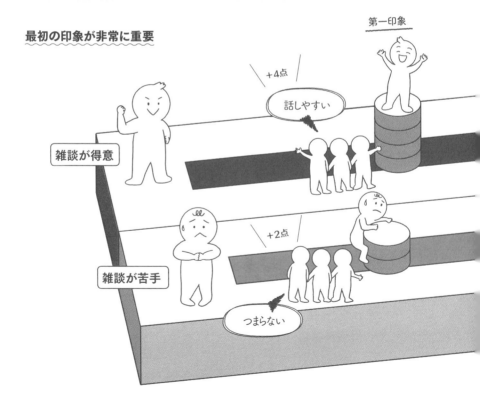

最初の印象が非常に重要

第一印象

雑談が得意

+4点 話しやすい

雑談が苦手

+2点

つまらない

番を変えて被験者に見せました。すると最初に見た形容詞がもっとも強く印象に残ることがわかりました」。**これを心理学では初頭効果といい、最初の印象がもっとも強く残る**ことが知られています。つまり、最初の印象が悪かった場合、それを挽回するには多大な労力が必要とされます。逆に**最初の印象さえよければ、多少の失敗をしてもたいして評価は落ちない**のです。最初の印象をよくするのに、雑談はとても有効です。ウケを狙ったり、話をまとめたりせず、相手の感情に着目して話すことができれば、その後の関係を支えてくれる有意義な雑談ができるようになります。

ソロモン・アッシュの印象形成についての実験

ある人の性格について書かれた、内容は同じだけれど形容詞の並び順が違うAとBの文章を用意し、2つのグループにそれぞれ読ませた。
A：ポジティブな性格が先
ほがらか、正直、信頼できる、用心深い、短気、嫉妬心が強い
B：ネガティブな性格が先
嫉妬心が強い、短気、用心深い、信頼できる、正直、ほがらか
その結果、観察者に対してAを読んだグループは比較的よい印象を、Bを読んだグループは悪い印象を持つ傾向があった。

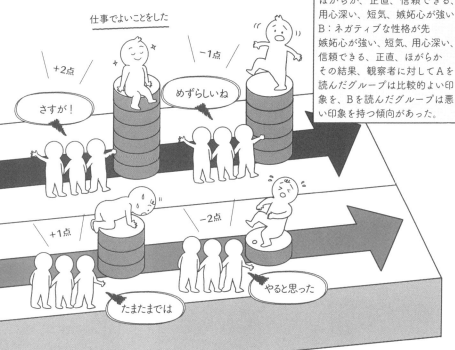

仕事で失敗をした

仕事でよいことをした

−1点

めずらしいね

+2点

さすが！

+1点

−2点

たまたまでは

やると思った

まずは相手に "自分の話"をさせる

"自分の話"をすることが快感であることが近年の研究からわかっています。そのため雑談では聞くことを意識しましょう。

雑談で相手を気持ちよくさせるコツは、まず相手の話を聞くことです。というのも、人間の脳は自分のことを話しているときに、気持ちよく感じるからです。ハーバード大学の神経学者たちによる研究チームは約200人の脳をMRIで調査したところ、自分の話をすることは「お金やおいしい食事、セックス」と同じような快楽であることをつきとめました。食事やセックスのときに放出される**快楽物質・ドーパミン**の分泌に関係があるとされる脳の部位が、自分の話をして

"自分の話"をするのは「気持ちいい」

この間
こんなことがあって

おいしい
食事

金銭を得る

"自分の話"と同じ
タイプの刺激

セックス

うんうん

いるときに活性化されることがわかったのです。そのチームの別の研究では、わずかな金銭を受け取るよりも自分の話をしたがる人が多いこともわかっています。自分の話をすることは、人間にとってはそれほど大きな快感なのです。その観点で言えば、「要するに〇〇ですよね？」と結論をまとめるのは、話を終わらせてしまうため絶対に NG です。**関係性を深めるには、「相手が話したい"自分の話"を聞くことが重要です**。そのためには p16 で触れたようなフィーリング（＝感情）を意識した聞き方をすることが大切です。その具体的な方法は次ページ以降で解説していきます。

人は「自分の話」を聞いてもらえるとうれしい

聞き方のコツは次ページ以降で解説 ☞

04 「イメージ傾聴」で共感力を高める

話を聞くときに適切な相づちを打つためには、相手の言葉を映像としてイメージする聞き方が有効です。

雑談でしてしまいやすいのが「相手の話を聞くときに、ついつい自分の話をかぶせてしまう」というミス。それは**相手の話を、"言葉の映像化"を意識せずに聞いてしまっているから**かもしれません。例えば駅前にカフェができたという話を聞いているとしましょう。言葉にばかり着目してしまうと、「駅前」「新しい」「カフェ」というキーワードに引っ張られてしまい、「駅前にはカフェがなくて困っていたのでうれしい」などと、自分の意見を話し始めてしまいます。相手にし

すぐに"自分の話"をしてしまう

駅前

カフェ　新しい

駅前に新しいカフェができててさぁ。

駅前にはカフェがなかったのでうれしいですね！

✕ 話をさえぎって自分の意見を伝えているので NG

てみれば、自分がカフェを見つけてワクワクした話をしたかったのに、一番おいしいところを取られてしまったようなものです。**そんな失敗をしないために役立つのが" 言葉の映像化 "を意識した聞き方**です。「駅前」「新しい」「カフェ」という言葉から、新しくできた駅前のカフェをイメージします。すると自然と相手がそのカフェを発見したときと同じような気持ちになることができます。あとはそのまま「え、それは楽しみですね⁉」「わー、行ってみたいな」と感じたことを伝えれば、「そうなの、本当に楽しみで……」と相手の話したい話題につなげることができます。この映像化する聞き方を「**イメージ傾聴**」と呼びます。

イメージすると共感力があがる

駅前に
新しいカフェが
できててさぁ。

えっ、それは
楽しみですね⁉

○ 相手の気持ちを感じ取っている

イメージ傾聴

イメージを共有すると一瞬で相手のフィーリングに寄り添える

「共鳴リアクション」で 相手の話を引き出す

イメージを浮かべ、心から共感して相づちを打つと相手はどんどん話したくなり、共通のイメージができ上がります。

イメージ傾聴（p22）は、相手の話に共感するための有効な手段です。それに加えて、**頭に思い浮かべたイメージをもとに感情をこめて相づちを打つと、相手により共感できるようになります**。例えば新しいカフェの話を聞いたとき、「駅前を歩いていて、今まで見たことのなかったおしゃれなカフェを見つけた映像」をイメージしたとしましょう。その**イメージの共有**ができたとき、あなたはどんな気持ちになったでしょうか？　きっと以前はなかった人の活気やコーヒーの香

感情がこもった相づちは響く

りに触れ、喜びやワクワクが感じられたでしょう。その状態で相づちを打つと、自分の声や目に自然と感情がこもります。相手からすると、心から共感してもらえたように感じます。そればかりか、そのときの光景を追体験し、「そうなの！焙煎もしているこだわりのお店みたいで、行ってみたいんだよね」とさらに相手の話を引き出すことができます。**このような相手の言葉を引き出す、心がこもった相づちを「共鳴リアクション」と呼びます**。そして、引き出した相手の言葉から聞き手がイメージをふくらませると、「イメージの共有」が進みます。

共鳴リアクションで相手が話し出す

カフェができてた

え!?
それは楽しみ！

他に店が
なかった

コーヒーがおいしそう

きっと人気が出る

感情の共有で同じ映像が
頭に浮かぶようになる

OPEN　CAFE

「一番聞いてほしい話」を見逃すな！

映像を思い浮かべながら相手の話を聞けると、話を引き出すのがうまくなり、相手の心に触れるように話せるようになります。

相手の話を映像としてイメージしながら聞けるようになると、自分の話でさえぎることなく会話を続けられるようになります。すると、これまでは聞くことができなかった、相手の「**一番聞いてほしい話**」にたどり着けるようになります。例えば相手が旅行の話を始めたとき、「電車に乗って」「京都に行った」という話を、聞く側は映像をイメージしながら相づちを打ちます。聞き上手な人は「電車、いいですね。私も電車が好きです」とか「京都、暑かったんじゃないですか？」

「本当に話したい話」を待つのが大切

という質問で話をふくらませません。そうして「いいですね」など手短な感想で共感を示しながら話を聞いていくと「じつは久々の娘との時間だったんだよ」などと一番聞いてほしい話をするようになります。**どこが一番聞いてほしい話かは、話し手の感情に注目すると一目瞭然。相手の気持ちのこもり方が違います。**そこからは聞き手が話し始めても構いません。その話題についての感想を話してあげると、相手とは間違いなく盛り上がるでしょう。「一番聞いてほしい話」は話し手自身も最初はわかっていないものです。**そんな漠然と話し始めた人を、そこまで導いてあげられる人は、雑談で相手を楽しませられる聞き上手と言えます。**

「一番聞いてほしい話」はどこか

07 "聞くのがしんどい" 難しい話を盛り上げるコツ

難しい話題や興味のない話題になってしまったときは、無理をせずに相手の感情に着目した話をするといいでしょう。

雑談のはずが、いつのまにか話が専門的になりすぎてしまうことがあります。**自分の知識を語りたい人は多いのですが、理解のできない話を一方的に聞くだけになってしまうと、なかなか会話は盛り上がりません。**また、専門性の高い話は想像もしづらいので、イメージ傾聴（p22）も使えません。そんなときは**フィーリング**（＝感情）に着目して質問をするのがおすすめです。例えば専門家の先生と雑談をする機会があり、先生が専門分野の難しい話をし始めたとします。そんな

理解は不要！相手の感情に着目すればOK

とき、「その理論は聞いたことがあります！」と背伸びをすると、より難しい話に発展してしまいます。そうではなくて、「その研究がお好きなんですね？」とか、「その発見をしたときはどういう気持ちでしたか？」と感情に着目した質問をします。すると、その専門分野に対して先生自身がどのように感じたかを聞くことができます。**もしその専門分野についてまったく映像化ができなかったとしても、感情の話であれば映像をイメージするのは容易**なはずです。難解な話には共感ができなくても、どう感じたかの話であれば共鳴リアクション（p24）が使えるので、"聞くのがしんどい"状態からは解放されます。

"話の誘導"で楽しく聞ける

08

相手の頭にイメージが思い浮かぶように "間" を取る

上手な話し方は、相手の頭に映像が思い浮かぶような話し方。
それはすこし間を取って話すことで、できるようになります。

会話中に映像をイメージする方法は、聞くときだけでなく話すときにも効果的です。p28 で説明したように、「映像としてイメージできない話」は聞く側にとって苦痛になります。聞く側がついていけない話は感情移入ができないので、気持ちのやりとりもできず、盛り上がりません。逆に**「聞き手に映像を思い浮かばせる」ことができるのが、上手な話し方**と言えます。話し方のうまい代表格が、テレビでよく見る人気芸能人たち。彼らのエピソードトークの間は絶妙です。

人気芸能人のトークは映像が思い浮かぶ

映像で理解できるので、老若男女が楽しめ置いてきぼりにならない

こないだ押上にお宅訪問ロケに行きまして

ぼそぼそと話し始めたかと思えば、途中からは聞く側の頭にイメージが広がり、さらに予想を裏切る展開で人の心をつかみます。彼らの技術はとても高度ですが、"間"についてはすぐに参考にすることができます。**相手の頭に映像が思い浮かぶように、意識して間を取ればいい**のです。例えば、「このあいだロケに行った押上で会ったおもしろい人がね……」といっぺんに話してしまうと、相手は情報が処理しきれずイメージが浮かびません。それを相手の頭にイメージが浮かぶのを待つようにしながら「こないだ押上に（間）、お宅訪問のロケに行ったら（間）アフロのおもしろい人がいたんです」と、すこし間を取って話すと伝わりやすくなります。

映像を思い浮かばせるコツは "間"

09 「イメージワード」で "話し下手"から卒業する

話すときに、相手の頭に映像が動画として浮かぶのがベスト。
イメージワードを増やすとそれができるようになります。

話すときも聞くときも、映像が思い浮かぶようにするとうまくいくとお伝えして
きました。その映像は、**動画**と**静止画**のどちらがよいでしょうか？　**正解は動**
画です。イメージがよりリアルに伝わるため、相手の想像力をかきたてられて感情
がより鮮明に伝わります。例えば、飲食店のいけすに魚がいた話をするときに、
ただ「魚がいた」とだけ話すのと「活きのいい魚が３匹いた」と言うのでは、
浮かぶイメージが違います。前者は静止画で漠然としたイメージですが、後者

イメージワードで映像が思い浮かぶ

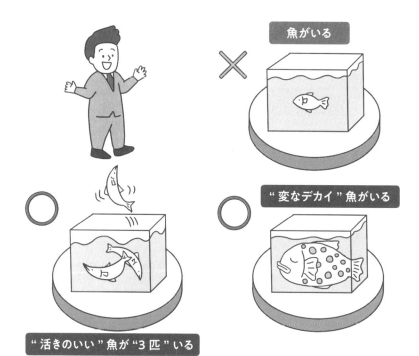

魚がいる

"変なデカイ"魚がいる

"活きのいい"魚が"３匹"いる

は動画で映像が浮かんできます。最初のうちは静止画でもいいのですが、徐々にはっきりとした動きがある映像を伝えられるようにしていきましょう。「活きのいい」「3匹の」など、イメージを伝えるための言葉をイメージワードと呼びます。イメージワードを使いこなせるかどうかは、普段の観察にかかっています。画家が描く景色をはっきり覚えているように、感じた景色や場面を映像としてはっきり記憶できると、ぐっと話し上手になります。**まずは印象に残る場面のときに、何が印象に残ったのかを記憶し、誰かにそれを伝える練習をしてみましょう。**インプットとアウトプットを繰り返すと、イメージワードは増えていきます。

観察でイメージワードの達人になる

足を激しく動かして
ダダをこねる

課長、荷物が重くて
体がくの字になってる

10 最後に感情を伝えると親しみと共感が倍増する

感情を最後に付け加えるように話すと、映像をイメージしやすくなり、会話が活発になります。

相手の頭に映像を思い浮かばせるには、自分が映像を思い浮かべながら話し（p30）、イメージワード（p32）を使うことが必要です。しかし、それ以外にも簡単に映像を浮かべさせる裏技があります。それは**話の最後に自分の感情を付け加えること**。ただ、「チケットに当選しました」「宝くじが当たりそうでした」「ポイ捨てを見つけました」では、映像が思い浮かばず、聞く側が**感情移入**できません。ですが、「チケットに当選しました。最高に幸せでした」「宝くじが当た

イメージと共感を引き起こす裏ワザ

りそうでした。外れて絶望しました」「ポイ捨てを見つけたんです。とても腹が立ちました」など、最後に感情を付け加えるとどうでしょうか？ 話し手の悲喜こもごもを含めた光景が頭に浮かんでくるはずです。これは、人間は他人の感情に興味がある生き物であるため。**「感情の付け足し」テクニックで気持ちを明らかにすると、相手の頭にはさまざまなストーリーが連想され、会話が盛り上がる**のです。「そのアーティストがお好きなんですね」「それは悔しかったですね」「正義感が強いんですね」など、感情が加わるだけで相手もこちらの状況を推察しやすくなります。気持ちをオープンにすることに慣れると、雑談がもっと楽しめるようになります。

「けども断ち」で
話し上手になる

聞き手がイメージしやすい話は、区切りがしっかりしていて「けども」や「なんですけど」が使われていません。

映像が思い浮かぶような話し方の第一歩は、「けども」や「なんですけど」をやめ、文をかたまりごとに区切ることです。例えば、「私は高校時代、静岡県に住んでいてサッカー部だったんですけども、大けがをして今は腰を痛めているんですけど……」という話し方。「けども」と「なんですけど」をやめて、「私は高校時代、静岡県に住んでいてサッカー部でした。そのときに大けがをして今も腰痛があります」とすると、聞き手はだいぶ映像化しやすくなります。というのも **「けど**

「けども」が映像化を妨げる

も」「なんですけど」という言葉は、聞き手の映像化をストップしてしまう働きがある
から。その言葉を聞くと聞き手は、「ここで話が切り替わるんだ!?」という意識
になり、でき始めた映像がとたんに消えてしまうのです。もうひとつのポイント
は区切りを意識すること。「私は高校時代、サッカー部でした」「そのときにけ
がをしてしまって、今も痛みます」と情報ごとに区切って話すと、聞き手はよ
りイメージしやすくなります。また、「静岡県に住んでいた」のように話の筋と
関係がない要素を削ると、聞き手の頭の中で**イメージの断絶**が起きず、話がスッ
と理解されるようになります。

区切りを意識すると伝わりやすい

前後のイメージが
途切れないほうが
聞きやすい

絶対にNGの話し方①
相手の話を奪う

気の利いた質問をしようとすると、自分の経験を話してしまいやすくなります。とくに序盤は注意しましょう。

「人間関係の構築」が目的である以上、雑談では相手の気分をよくすることが大切です。ただし、その気持ちが強くなりすぎると、盛り上げようとして相手の話を奪ってしまう「**話題泥棒**」をしてしまうことがあります。例えば、相手が山に登ったという話を始めたとき。「山っていいですよね、私もじつは……」と自分の話をしてしまう人がいます。**気の利いた質問をしようとするためかもしれませんが、そもそも雑談で話を聞くときには気の利いた質問は不要です。**まずは

話題泥棒にならないように注意

手短に感想を述べて相手の話をどんどん引き出すこと。そして自分の頭に映像を思い浮かべて、相手に共鳴するようなリアクション（p24）を取ることが大切なのです。自分の経験や話をするのは相手が本当に聞いてほしい話（p26）にたどり着いたあと。そこからはどんどん自分の話をしてしまっても大丈夫ですし、相手も「話を聞いてもらえた」という気持ちになっているので「話題泥棒」だとは思われません。気の利いた質問をしなきゃいけないという固定観念を捨てて、**「序盤に相手の話を奪わない」「話題を変えずに手短な感想を言う」の2点さえ守れれば、自分の話をしても構わないのです。**

手短な感想で話題変えを防ぐ

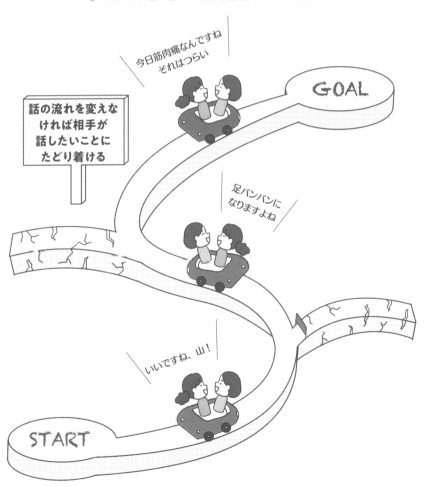

今日筋肉痛なんですね
それはつらい

話の流れを変えなければ相手が話したいことにたどり着ける

足パンパンになりますよね

いいですね、山！

GOAL

START

絶対にNGの話し方②
情報交換ばかりしてしまう

雑談のポイントが感情のやりとりであることを見失ってしまうと、人間関係の構築は難しくなります。

雑談でもっとも大切なのは、「感情のやりとり（p16）」を通じて関係性を深めることです。その対極にあるのが、情報交換ばかりの会話です。「業界についての知見を聞けて有意義だった」「おいしい飲食店の情報をたくさん教えてもらえた」など、得をしたように思えますが、人間関係をつくるという意味ではメリットはありません。**有益な情報が聞けた一方で、人となりを一切理解できませんし、自分のことも相手には伝わりません**。しばらくたって、「あの人ってどんな人だっ

情報交換では親しくなれない

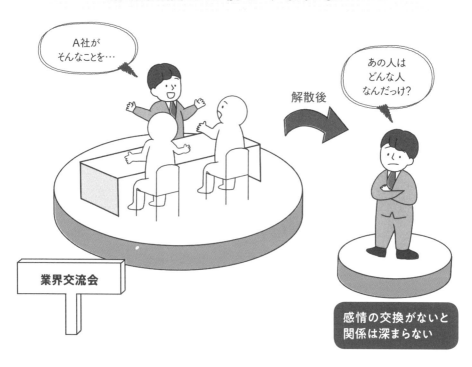

たっけ?」と思われてしまうでしょう。そうならないためには、相手の感情に着目してイメージしながら話を聞くこと（p22）はもちろん、**「知ってますアピール」**をしないことが効果的です。雑談を情報交換の場ととらえていると、なるべく情報を提供しようとして「あれは知っています」「こういうことですか?」と、自分の知識をひけらかそうとしてしまいます。すると、**情報交換のループにはまってしまいます**。そうではなくて、自分の感情に着目するようにしましょう。その事柄について自分がどう感じたのか、過去にどういう気持ちを抱いたのかを話すと、感情が伝わり相手の印象に残りやすくなります。

知ってますアピールもなくてOK

知らないけど
ジーンときますね

知ってます
あのシーンの…

ではこれも…

こういうのが
好きなんだ

感情が伝わり
親近感が湧く

ただの情報交換
になってしまう

雑談で得する話し方

✕　まあまあ楽しかった。

◯　入口の外まで人があふれていたよ。

心に残った映像を言葉にしよう

「昨日の買い物どうだった?」と聞かれて、焦って答えようとすると、「まあまあ楽しかった」など、盛り上がらない答えになってしまいます。落ち着いて心に残った場面を思い出すようにしましょう。「入口の外まで人があふれていた」「春物が全品半額だった」など、相手にも映像が思い浮かぶように話せると、相手も関心を持って会話を続けやすくなります。

 ✕ 人がたくさんいた。

  ◯ 人がたくさんいて、萎えた。

感情が映像をふくらませる

場面の説明にプラスして、そのときの自分の感情を伝えます。すると相手が思い浮かべる映像のなかにあなたも登場し、想像がふくらみます。

春物が安かった。

いい感じの春物が 50％ OFF だった。

映像の表現力を高めよう

ただ話すだけだと相手もリアクションしにくいもの。思い浮かべた映像を詳細かつ具体的に話すと、相手の反応がよくなります。

結婚式の記名が苦手で……。

◯ 人前で字を書くと緊張しちゃうので
結婚式の記名が苦手なんです。

なぜそう感じたのかを話す

自分がしたことを話すとき、そのとき感じていた気持ちについて話すと盛り上がります。それに加えて、なんでそのように思ったのかを深掘りすると、話すべき内容が見つかります。まず、自分の気持ちがプラスなのかマイナスなのかを思い出して、「なぜそう感じたんだろう?」と振り返る習慣をつけると、雑談のネタがたくさんできて、話に困らなくなります。

✕ 泊まった旅館がビミョウだった。

 〇 パンフレットと違って旅館がしょぼくて、自分が決めたのですごく焦った。

思ったことは率直に話す

自分が感じた気持ちを率直に話すと、笑いにつながります。何に対してどう思い、その結果どう感じたのかを話すようにしましょう。

旅行先でおじさんに話しかけられた。 ✕

「この城の歴史知っとるか」と地元のおじさんに話しかけられた。 〇

登場人物の特徴を明確にする

「他人との会話」は盛り上がる話題のひとつ。話した相手の雰囲気が伝わるように具体的に話すと、聞き手のイメージがふくらみます。

3年ぶりにウナギを食べた。

3年ぶりにウナギを食べた。
苦労を思い出して切なくなった。

話のオチを感情にする

話し下手な人はたんたんと起こったことを話しがち。オチがないので「結局、何の話?」と言われてしまったりします。そんな人は、「話のオチは感情」と決めて話すといいでしょう。ウナギを食べたという話よりも、切なくなった話のほうが「一体何があったんだ」「応援してあげたい」と聞き手の気持ちをゆさぶります。すると相手と仲良くなることができるのです。

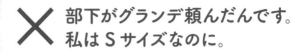

✕ 部下がグランデ頼んだんです。
私はSサイズなのに。

 ○ 会社の近くのスタバで部下がグランデ頼んだんです。私はSなのに。

場面設定を明確にする

どこであった話なのかを明確にすると、聞き手が話をイメージしやすくなります。場面や状況を明らかにして話しましょう。

電車が遅れている。嫌だな。 ✕

電車が遅れている。
でも、うれしいな。 ○

聞き手の想像を裏切る

予想と逆の話をされると、聞き手の想像力は刺激されて「もっと話を聞きたい」と思わせることができます。

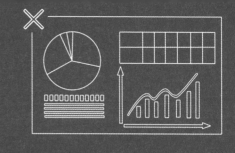

02 Chapter

HANASHIKATA
mirudake note

シンプルが最強！
超一流の説明の技術

誤解なく伝えたいことを話すときは、単語数を絞るのがおすすめ。相手が知りたいことを3語ぐらいの短い言葉で伝えると、複雑な話も理解してもらいやすくなります。伝える情報の順番も意識して、説得力のある話し方を身につけましょう。

01 饒舌をやめ、目指すは「言葉のミニマリスト」

少ない言葉でシンプルに話すことが、誤解なく確実に相手に伝わる説明の第一歩となります。

言葉を尽くして説明をする人がいます。とくに知識が豊富な人や、相手に対する思いやりがある人ほど、その傾向があります。しかし残念なことに、**伝わる言葉はシンプル。単語数が少なければ少ないほど伝わります。** というのも、言葉をたくさん使うほど結論がわからなくなり、誤解を招く可能性が高まるからです。例えば、今まで門前払いされていた A 社の契約が取れたとします。多少条件の悪い契約になったとしても、今まで誰もできなかったことができたのですから、

伝わる言葉はシンプル

契約が取れました。

よかった…

「契約が取れました」の一言でその場のみんなが安心することでしょう。ですが、律儀な人ほど細かな情報までいっぺんに伝えようとします。「資料で根気よくアプローチしたところ、Aさんも大変喜んでいて、条件が通常の8割の価格で期間も短いですが……」と淡々と話すと、「結局契約は取れなかったの?」「もしかして大変なトラブルが起きたんじゃ」と聞いているほうは不安になってしまいます。p30で解説したとおり、理解しやすいのは映像でイメージが思い浮かぶ話です。**言葉が多いと伝えたいことと関係のない情報まで入ってしまい、誤解が生まれやすくなります。**少ない言葉で伝える「言葉のミニマリスト」を目指しましょう。

言葉を尽くすほど誤解を招く

たくさん話すと
大切なことが
相手の頭に残らない

資料でアプローチ
したところ

契約となりました。

条件は少し悪い
ですが

Aさんも
喜んでいて

??
条件悪いの?

02 いらない情報は捨てなさい 「3ワード話法」のすすめ

3語での簡潔な説明が相手の誤解をなくし、複雑な内容もシンプルに説明できるようにしてくれます。

説明が下手な人は、複雑な話を相手に伝えるときに「さて、どこから説明しようか?」と考えます。じつはその時点で、複雑な全体像をすべて説明しようとしてしまっています。その結果、どんな順番で話しても情報量が多くなりすぎてしまい、自分でもまとめきることができなくなってしまうのです。**大切なのは伝える内容を極限まで絞ること**。1語にまとめられるのがベストではありますが、とくに **3語以内**でまとめる意識を持つと、相手に上手に伝わるようになります。

3語なら強く正しく伝わる

交渉の末、A社と○○の条件で契約が成立し、Aさんが喜んだ。

7語

A社と契約が成立しました。

3語

ちなみに、ここでは意味が通じるひとつのかたまりを1語と数えます。例えば、「交渉の末、A社と○○の条件で契約が成立し、Aさんが喜びました」は7語になります。それを「A社と契約が成立しました」の3語ぐらいに短く絞り込もうというのです。**3語ぐらいに絞り込むと、誤解のしようがないひとつの映像が相手の頭に浮かびます**。このようにして、まずは話の一番重要な部分を的確に伝えることで、その後の説明の筋道をつくるのです。逆にここで重要な3語に絞り込むことができれば、そのあとが楽になります。どんな内容を3語に絞り込むのかは、以降のページで解説します。

3語で説明がスムーズに

03 相手が知りたい情報を見抜け！

短い言葉で説明するには、相手が知りたい結論を理解するのが大切です。結論は相手によって変わります。

3語くらいの短い言葉で相手に伝えるには、相手に伝えるべき結論を見つける必要があります。「**結論から話せ**」とはよく言われることですが、**結論を上手に見つけるには、相手が知りたい根本的な情報（＝ファンダメンタル）を見抜くことが大切です**。例えば、自分が重病ではないかと思っている患者に診断結果を伝えるとき、最初に伝えるべき結論は何かを考えてみましょう。これは本当にあった話なのですが、ある医師は「診断結果は食道裂孔ヘルニアです。これは胃の

ファンダメンタルを外すと伝わらない

一部が食道の通る穴から飛び出す病気です」と、医学的な知見を患者にそのまま伝えました。実際は薬ですぐ治る症状なのですが、患者は自分が重病だと思い、血の気が引いて顔が真っ青になったそうです。この患者に関しては、「大きな病気ではありませんでした。安心してください」という結論を最初に伝えるべきでした。もちろん伝えるべき結論は相手によって違います。相手が医学の専門家であれば、「診断結果は、食道裂孔ヘルニアでした」。お金のことを心配している人であれば、「安価な薬で治ります」というのが結論です。**何が結論かは、相手を知るとわかるようになるのです。**

人や場合によって言うべき3語は違う

04 ファンダメンタル分析法①
相手の「不安度数」を測る

わかりやすく伝わり、納得される結論は、相手が何にどのくらい不安を感じているかから導き出すことができます。

相手が知りたい根本的な情報（＝ファンダメンタル）は、どうやったら把握できるでしょうか？　その**ヒントとなるのが、相手がどのくらい不安を感じているかという「不安度数」です**。例えば顧客からのクレーム対応で外出し、会社に戻ってきたとします。その顧客との取引額は大きく、会社として絶対に失いたくない存在だとしたら、上司はすぐにどうだったかを聞いてくるでしょう。今後の取引がなくならないか、冷や汗をかいているかもしれません。この状態を不安

顧客からのクレーム処理を報告するとき

不安度100%
大口の顧客で
心配されている

なんとか
ご納得いただけました。

度100%としましょう。それとくらべて、上司が何も聞いてこないような場合は、不安度0%ぐらいです。このふたつでは、伝えるべき結論はまったく異なります。不安度が大きいときは「なんとかご納得いただけました」など、まっさきに不安をやわらげるような結論を言うべきです。逆に不安度が低ければ、目先のことよりも将来的なトラブルにつながらないかを懸念するはずなので、「どんなクレームだったか」「今後トラブルにつながるリスクはないか」を答えるようにします。**仕草や行動から相手の恐れを見抜き、伝える結論を決めるようにすると、説明力は上がります。**

不安度30%
心配していないが
重要な顧客なので
やや不安

謝罪したうえで
不良品を取り替えました。

不安度0%
重要度が低く
まったく心配していない

ご報告です。
動作不良のクレームでしたが、
すぐ解決しました。

05 ファンダメンタル分析法② 相手の目線を探る

自分が興味があったり知っていることに、相手も興味があるとは限りません。相手目線を意識しましょう。

相手が知りたい根本的な情報（＝ファンダメンタル）を把握するもうひとつの方法は、相手の目線を探ることです。以前、ある講師がビデオ教材を DVD につくり直そうと、DVD 制作会社を訪れたときのこと。「ビデオ教材を DVD に変えようと思うんだけど、費用はどれくらい変わるの？」と聞いたところ、担当者が「まず、DVD がなぜ映像を記憶できるかから話しましょう」と専門的な内容を話し始めました。そして最後に「ビデオと DVD の制作費に違いはありません」

相手の目線がどこにあるかを考える

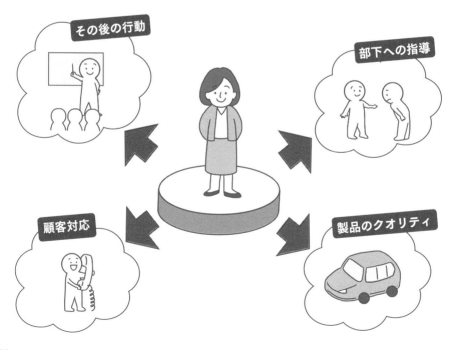

と聞きたかったことが聞けるまで、なんと25分。これくらい見当違いな説明をしてしまうと、注文を失ってしまってもおかしくはありませんよね。彼は相手の目線がどこにあるのかに注目すべきでした。**当たり前ですが、自分の目線と相手の目線は違います。自分がDVDの仕組みに興味があっても、相手にも興味があるとは限りません。**相手の目から矢印を引っ張って、どこに意識があるかをイメージしてみましょう。また、相手に動いてもらいたいときも、相手の目線が必要です。こちらが熟知しているお願い事について、相手は知識も興味もありません。そのために何をすればいいか。必ず具体的に指示をするようにしましょう。

動いてもらいたいときは相手目線で

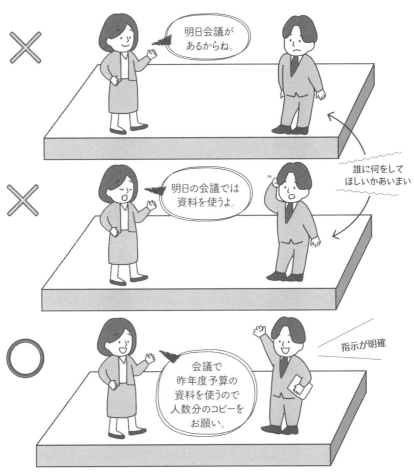

06 報告・説明するときは 話を1テーマに絞る

1度にふたつ以上のテーマについて話してしまうのは、伝わらない話の典型です。ポイントを絞ることを意識しましょう。

話がわかりにくい人は、ふたつ以上の話を一度に伝えようとしてしまいがちです。例えば「会社の利益を上げるためには、時間の使い方の効率化が必要です。非効率な働き方はオンライン化の大敵で、オンラインではコミュニケーションも不足します」といった話し方。「時間の使い方の効率化」と「オンラインのコミュニケーション」という別々の話が混在しています。**これをいっぺんに伝えてしまっているため、聞き手はふたつの話の関連性を探してしまい、頭に「?」が浮かんでしまいます。**

話を重ねると伝わりにくくなる

会社の利益を上げるためには そもそも時間の使い方の 効率化が必要で〜

非効率な働き方は オンライン化の大敵であり コミュニケーションも〜

なんの話?

複数の話は聞く人から
理解しにくい

わかりやすい話は、相手の頭に映像が浮かぶ話です（p30）。1度の会話にふたつ以上のテーマがあると、最初に思い浮かべた映像が無駄になってしまうので混乱してしまいます。人にわかりやすく伝えるためには、ひとつの映像が相手の頭に思い浮かぶように話は1テーマに絞りましょう。この場合で言うと、「コミュニケーション不足」の話は割愛すべきです。**ファンダメンタル（p54）を押さえ、結論を3語に絞れば（p52）、自然と話を1テーマに絞ることができます。**もちろん3語で結論から話したあとに、理由や具体例を付け足すようにしましょう。このときに映像を意識して話すと、より相手に伝わるようになります。

1テーマ話法の流れ

相手が知りたい
ことを分析

3語ぐらいで
的確に説明

×3

短い言葉で
イメージを
共有しながら補足

07 わかりやすい伝え方の超基本「PREP法」

結論を3語にまとめたら、次は話の論理構造を意識します。理由と具体例を明確にした話し方を心がけましょう。

相手にわかりやすく伝えるためには、3語で結論を説明したあとに理由と具体例を明確にして話すといいでしょう。この話し方は「PREP法」と呼ばれ、論理的で伝わりやすい話し方として知られています。**「PREP」は Point（結論）、Reason（理由）、Example（具体例）、Point（結論）の頭文字で、この順番で話すと伝わりやすくなります**。例えば、上司に取引先へ販売する商品の在庫を確認したいとします。「A社への納品は何台まで用意できますか？」

理由と具体例でもっと伝わる

Point（結論）

A社への納品は何台まで
用意できそうですか？

3語

と結論を伝え、そのあとに「できる限り仕入れたいそうで、台数が確認できたら先方にすぐご提案します」と理由と具体例で補足。最後に「具体的な数字をお願いします」とお願い事をあらためて詳細に伝えます。**結論→理由→具体例の流れ**がはっきりしているので、相手に誤解なく伝わります。**まずは結論を3語にまとめたうえで、何が理由で何が具体例なのかを整理してから話し始めるといいでしょう。**もちろん、「健康には気を付けるべきです。体の調子がいいと仕事の効率も上がります」のように、理由がなくても伝わる場合は結論と具体例だけで話を構成するときもあります。

Reason（理由）

できるだけ多く
仕入れたいそうです。 **2語**

Example（具体例）

台数が確認できたら
先方にすぐご提案します。 **4語**

具体的な数字を
お願いします。 **2語**

Point（結論）

08 「付箋ブレスト」で 結論・理由・具体例を整理

結論を見つけ、理由と具体例を整理するためには、一度伝えたいことを付箋に書き出してみるのがおすすめです。

ＰＲＥＰ法を実践しようとすると、結論は何でどう短くまとめればいいか、最初のうちはわかりにくいものです。また、理由と具体例もうまく整理できなかったりします。そんなときは、相手に伝えたいことを付箋に書き出すのがおすすめです。まず、**「契約が合意した」「商品は最新型」など、短い言葉で付箋に書いて適当に並べます。**このとき、「こんなことは伝える必要があるんだろうか？」と悩まずに、思いついたことはすべて書くようにします。伝える必要があるか

頭の中を整理すると話しやすくなる

①付箋に書き出す

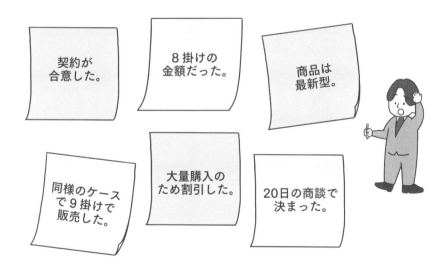

契約が合意した。

8掛けの金額だった。

商品は最新型。

同様のケースで9掛けで販売した。

大量購入のため割引した。

20日の商談で決まった。

悩むようなことも、わかりやすく伝えるための大事な要素だったりするからです。その後、書き出したなかから、結論となる部分を選び出します。**伝えたいことが一覧になってさえいれば、相手に伝えるべき結論を選び出すことは難しくありません**。そのあとは、結論・理由・具体例の3つのカテゴリーに分類します。このときに理由や具体例に**論理的な飛躍**がないようにしましょう。例えば、2割引きの価格で販売した理由が、「Ａ社だから」としてしまう場合。Ａ社が大口の顧客で今後も継続した購入が見込めるのかもしれませんが、そうであれば「継続した購入が見込めるから」とする必要があります。理由を突きつめて考えるようにしましょう。

②結論を選び不要な話を削る

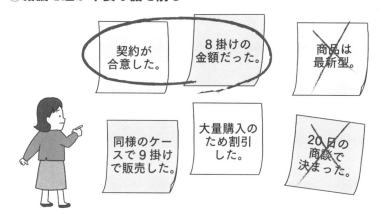

③3つにカテゴリー分けをする

「決め接続詞」で 理由・具体例を切り出す

理由や具体例を説明するとき、接続詞をスムーズに使えると自分も切り出しやすく、相手も理解しやすくなります。

PREP法（p62）を使いこなせるようになると、説明力が上がります。そこからさらにわかりやすく伝えられるようになるには、接続詞を意識するといいでしょう。おすすめは「というのも」と「例えば」。「営業で大切なのは信頼です。というのも……」や「例えば、A社の案件で……」といったように、**接続詞が入ることで聞き手の頭が切り替わります**。「今から理由なんだな」、「これがその例か……」と、つながりを楽に想像できるようになるので、内容がスムーズに理解

「理由なんですが」はNG

その理由なんですが…

具体例ですが…

カッチリした人だなあ

してもらえるようになります。ただし、接続詞を使いこなすためには、自分自身が**論理の構造**をしっかりと把握していなければいけません。付箋に書き出したり（p64）して、普段から明確に区別して話せるようにしておきましょう。逆におすすめできないのが「理由なんですが……」「具体例としては……」という接続詞。理由や具体例を意識しなきゃと考えるほど口にしてしまいやすいのですが、相手に硬い印象を与えてしまいます。**スムーズに伝えるためには、硬さを感じさせない表現がいいでしょう。自分が自然に話せる「決め接続詞」を持つことで、より説得力のある話し方ができるようになります。**

自然に使える接続詞を持っておく

例①：**というのも**

例②：**例えば**

10 絶対にNGの話し方①
間を取らず、早口で話す

説明でも映像としてイメージを伝える意識が大切です。相手の
映像化をさまたげないよう、間を取った話し方をしましょう。

結論を絞り、理由と具体例を明確にする話し方を紹介してきました。しかし、覚えておきたいのは、相手にとって理解しやすいのは「映像が浮かぶ話」だということ。**3語ぐらいに短くまとめることで、聞く側に誤解のない映像が浮かぶようになりますが、それに加えて話す"間"を意識するとより伝わりやすくなります。**例えば下のイラストのように、伝える内容を整理せず早口で話してしまうと、相手は映像がイメージできず理解できません。自分では伝える内容が整理できて

説明も映像化が大切

来週の打ち合わせですが、
駅で待ち合わせた後にサンプルを
ピックアップしますので、
包装用の袋を取りに前日営業所に
行ってください。

いても、「来週は駅で待ち合わせましょう。前日に営業所へ包装用の袋を取りに行ってください。当日待ち合わせ後にサンプルをピックアップします」と早口で話してしまうと、相手の理解が追いつきません。**ポイントは相手の映像化を待ってあげる意識を持つこと**。相手には前提となる情報がないのですから、自分がイメージするよりも映像化は遅くなります。「来週は駅で待ち合わせましょう」「前日に営業所へ包装用の袋を取りに行ってください」「当日待ち合わせ後にサンプルをピックアップします」と区切って伝えることで、複雑な内容でも相手に伝わるようになります。

相手の映像化を待ってあげる

絶対にNGの話し方②
理由と具体例が不明確

話し始める前に整理をしておかないと、理由と具体例が入り乱れた、要領を得ない話をしてしまいがちです。

「結局何を言いたいんだ」と言われる人は、具体例や理由から話し始める傾向があります。**頭が整理できてない状態で、なんとなく大事そうな順番で話してしまう**ためです。例えば上司に「B社で数量割引をしたことがありました（具体例）。A社も大量購入しています（理由）。A社にも数量割引を適用したいのですが……（結論）、B社もA社と同じく大口の顧客です（理由）」と話したとします。まず、結論を決めてから話し出していないので、「一体何の話だろう？」と相手

伝える順番が大切

は要領を得ません。また、理由と具体例、A社とB社の話が入り乱れているので聞く側は理解するのに労力が必要になります。**急いで伝えたいときこそ、話し始める前にすこし時間を取って結論・理由・具体例を整理するようにしましょう。**「A社に数量割引を適用したい（結論）」「というのも、A社が10台購入予定なんです」「例えば、B社も同様のケースで数量割引をしています」と理由と具体例を明確にして話すと、相手に伝わりやすくなります。結論をまとめてから話し出すこと、結論→理由→具体例という**話の順番**を習慣づけるようにしましょう。

順番を変えるだけでわかりやすくなる

12 絶対にNGの話し方③「がんばったこと」が長い

思い入れがあるほど、シンプルに結論を相手に伝えるのは難しくなります。その心理を理解しましょう。

結論をシンプルに話すことが大切だとわかっていても、そのように話せない場合があります。それは**自分の努力や知識を相手に評価してもらいたいという欲求が人間にはある**からです。例えば、難しい取引相手に交渉に臨んだとします。たとえ注文がとれなかったとしても、自分がどれだけ大変だったかを上司に伝えてしまいがちですが、求められているのは交渉がどうなったかという結論です。客観的に見ると当たり前ですが、とくに交渉がうまくいかなかったときなど

がんばったアピールで伝わりにくい

交渉が大変だったんですよ。でも、普段から顧客との信頼関係を築いていたので最終的には気に入ってもらえました。

結局どうなったの？

は、「自分はこんなにがんばったんだ」ということをアピールしたくなるものです。ですが、それをこらえて「交渉はうまくいきませんでした」と言えるかどうかに、説明がうまくいくかどうかがかかっています。知識の場合も同様です。それがいかに業界の常識を覆した画期的な技術であろうと、専門外の人間にとっては興味のないことです。その事実を冷静に受け止め、「新製法により、価格が安く抑えられました。耐久性も上がっていて長く使えますよ」と**相手にとって知りたいことを伝えられるかどうかが大切**なのです。言うのは簡単ですが、じつは難しいことなので、常に相手の立場から考える習慣をつけるようにしましょう。

不要なアピールはいらない

ネオジム磁石の新製法を開発し、形が自由自在で200度でも変形しません。

相手へのメリットをわかりやすく伝える

部品が新製法で開発され価格が低く抑えられました。

説明で得する話し方

✕ ちょっと困っていることが……
　A社との取引の件ですが……。

◯ 取引先のことで、助けてほしいです。

結論をシンプルに話す

要点から話せると、相手の頭にスッと話の内容が入ってきます。助けてもらおうと困っていることをアピールするよりも相談事がスムーズに進みます。また、困っているときは「助けてほしい」という姿勢を見せるのが一番。下手にとりつくろわないほうが、好感を持たれます。どういうやり方をして、何に困っているのか、包み隠さず話すようにしましょう。

細かいところはおまかせします。

  デザインは20代女性向け、
色は黄色でいきましょう。

ざっくりと「おまかせ」しない

指示をするときに、あいまいな依頼はNG。どうしてほしいか責任
をもって伝えずに納品物に文句は言えません。

10人にひとりは購入していま
す。

A社の調査によると10人に
ひとりは購入しています。

根拠を明らかにする

その情報の根拠がわからないと相手は不安になり、話の本題が
頭に入りにくくなります。

アジェンダをまとめておいて。

◯ 議題をまとめておいて。

カタカナ語はなるべく避ける

説明は相手がイメージできるような言葉でするようにしましょう。そのためには専門用語を避けるのはもちろん、カタカナ語も使わないほうがいいでしょう。「アジェンダ」「ローンチ」「エビデンス」など、専門性の高い言葉もあれば多くの人がわかりそうなものもあります。不必要なカタカナ語を使わずに説明できるようになると、より説明力が上がります。

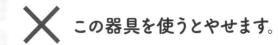

この器具を使うとやせます。

 ○ 3倍の運動効果があるので
やせます。

理由を明確にする

商品説明などの場合に相手が知りたいのは、どのように自分に役に立つのかです。「どのように」の部分が明確になっていないと相手に納得してもらえません。

御社の客単価が2倍になります。

御社の客単価が **2倍** にな ○ ります。

キーワードを強調する

前後に間を取り、大きい声で強調するとキーワードはより相手に伝わるようになります。

コストは 10 万円です。

 コストはたった 10 万円です。

自分の意見を数字にこめる

淡々と話してしまうと「それって結局どうなの?」となり、相手には伝わりにくいものです。そこで数字を使うときに自分の立ち位置を明確にすると相手の頭に説明が入ってきやすくなります。「たった 10 万円」「7 割もの人」など、その数字を自分がどのように判断しているかがわかると、聞き手の頭にイメージが湧くようになり、話が聞きやすくなります。

× よい方法があります。

 ○ 3つのよい方法があります。

具体的な数字で引きこむ

話すときに数字を入れるだけで、「聞いてみよう」と相手を引き込むことができます。

すごく安くて、質もいい。 ×

お、ねだん以上。 ○

インパクトがある言葉を使う

上記はニトリのキャッチコピーですが、結論を短いインパクトのある言葉にすると、相手に伝わりやすくなります。

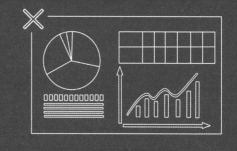

03 Chapter

HANASHIKATA
mirudake note

心をつかむ&人を動かす
プレゼン・会議術

プレゼンや会議で発言するときの秘訣は、キーマンが動きたくなる話し方をすること。アイデアやプロジェクト実現のため、「誰に」「どのくらい」「どんな方法で」響かせるかを考えてから臨むようにしましょう。相手の感性を知るのが、話し方を決める第一歩となります。

01 プレゼンや会議の目的は キーマンを動かすこと

プレゼンや会議での発表を成功させるためには、キーマンに動いてもらえるような話し方が必要になります。

プレゼンや会議で発表する機会は、数多くあります。また、オンラインの普及でその場にいない人たちに向けて伝えることも増えてきました。それらは**自分のアイデアやプロジェクトを実現させるために、避けては通れない関門**です。そこであらためて考えてみてほしいのですが、プレゼンや会議での目標はいったい何でしょうか？　アイデアやプロジェクトについて正しく理解してもらうことでしょうか。それとも、聞き手の心を動かすことでしょうか。正解は「アイデア

熱意や論理ではなく、相手に合わせる

熱意のみ

世界を変えます！

うまくいくかなぁ。

82

やプロジェクト実現の**キーマンに動いてもらうこと**」です。そのためには、**わかりやすく誤解のないように伝えるだけではなく、キーマンに動いてもらえるように工夫しなければなりません**。商品発表会であれば消費者や販売店に「買いたい」「店に置きたい」と思ってもらうこと、社内の企画会議であれば決定権がある人に「このプロジェクトは進めよう」と思ってもらうことがゴールです。そして、情熱だけでは人は動きません。もちろん熱意に動かされる人は一定数いますが、「情熱だけじゃねえ」と考える人もいます。成功の確率を上げるためには、キーマンに合わせた話し方とメリットを提示する必要があります。

論理のみ

データは成功を
示しています！

そのデータ、
本当に正しいの?

メリット＋相手に合わせた話し方

成功すれば
利益が大きく
初期投資が
不要です。

いいねぇ！

02 キーマンに合わせて アピール方法を変える

誰をどのように動かしたいかを明確にし、そのハードルの高さを把握するところからプレゼンの準備は始まります。

プレゼンでの目標は「キーマンを動かすこと」です。その目標を達成するために、"誰に""どのくらい"動いてほしいかをイメージすることはとても大切です。部長から企画の承認をもらいたいのか、プロジェクトに協力してくれる支援者がほしいのか、投資家から資金提供を受けたいのか……。**商品ならターゲットの特徴によってPRの仕方を変えるように、キーマンやしてほしいアクションによって、プレゼンの仕方を変えるべき**です。例えば、ある企画を進行させるために承

相手にどう動いてほしいかイメージ

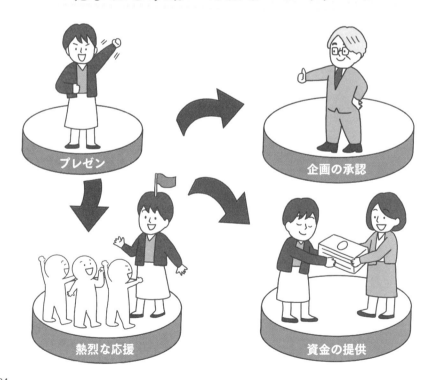

プレゼン　企画の承認　熱烈な応援　資金の提供

認を得なければならないとします。プレゼンをする側にとっては一世一代の企画かもしれませんが、部長にとっては数ある企画のひとつです。責任者として部の利益が上げられるのであれば、どんどん企画を通したいと考えているはずです。その場合、特別なことをするより、部長が承認したくなるようなメリット（＝部の売り上げにつながる根拠）を示すのが大切です。一方、プロジェクトの協力者を得たい場合は、他の仕事もあるなかで協力してもらうのですから、**承認してもらうのとくらべてより大きな労力がかかります**。それでも動いてもらうためには相手の考えや感性を探り、"響かせる"ことが必要になります。

目的は何かを考える

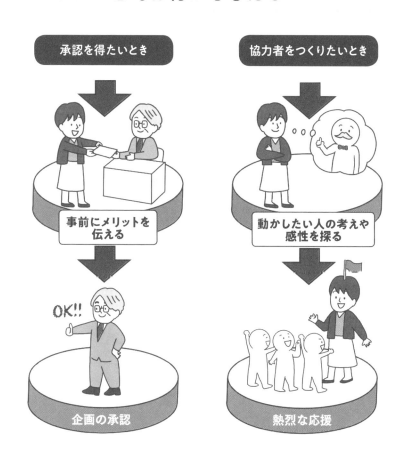

03 相手に刺さる キラーフレーズを探る

響く話し方は相手によって変わってきます。どんな強みをどのように伝えるといいのかを考えましょう。

高級な衣料品店に訪れた女性客にかけると、不思議と購入へとつながるフレーズがあります。それは「同性のご友人からもきっと似合うと言われますよ」という言葉。お客は服を着た自分の姿を思い浮かべ、「え〜そうですかね〜」と言いながら購入を前向きに検討するようになります。ただ、「お似合いになりますよ」とだけ言うよりも、確実に効果があります。このように、**響くポイントは性別や年代、その人の個性によって変わってきます。** プレゼンで動かしたいキー

刺さるポイントは人によって違う

同性からもきっと
似合うと言われますよ。

ほんと?

マンの「琴線」はどこにあるのかを考えながら、戦略を立てることが大切です。そして、それを考える基準になるのが、**「強み」**と**「語り方」**。着物であれば、相手に響く強みがデザイン性なのか実績・価格・希少性なのか、どこにあるのかをまず把握します。そして、語り方は「同性のご友人」のように他人目線を取り入れる、「私はお似合いだと思います」と直接伝える、具体的な数字を出す、情景が浮かぶように伝えるなど、さまざまあります。相手にとって最適な組み合わせを考えると、**相手が思い通りに動いてくれるようになります。**

相手に合わせてフレーズを選ぶ

04 相手にメリットを イメージさせる

相手に明るい未来をイメージさせることが、相手を動かすことにつながり、結果的に自分の願いが実現するようになります。

人を動かすもっとも一般的な手段は、相手に**メリット**を示すことです。そのアイデアやプロジェクトにどんなに乗り気ではなくても、「なんのリスクもなく、100万円儲かる」とか、「成功したら社長になれる」と言われたら、心が動いてしまうものです。ただし、相手にわかりやすいメリットを提示できるときばかりではありません。それでも**相手を動かすためのコツは、「相手が何にメリットを感じるかを知る」ことと、「メリットをイメージさせる」こと**です。例えば、さきほどの「成

メリットをイメージさせる

これが成功すると
社長になれますよ

功すれば社長になれますよ」という言葉。もし相手が出世に興味がなければ、まったく響きません。メリットは相手を動かすための大事な要素です。そこを外すと動いてもらうことが難しくなるので、キーマンがどんなことをメリットだと感じているのか、プレゼン前に必ず把握しておくようにしましょう。また、そのメリットを映像としてイメージできるように話すと、効果はより高まります。実際にそのメリットを自分が体感しているようにイメージしながら話すといいでしょう。**相手は映像が思い浮かぶと、それを現実にしたいと感じるようになるからです。**

短く、映像が思い浮かぶように

05 「なぜ」から伝えると人は動く

アップルの創業者スティーブ・ジョブズをはじめ、優れたリーダーは人を動かすために、まず行動の理由から伝えました。

自社の製品の熱狂的なファンをつくりたい。プロジェクトの支援者を社内に増やしたい。そんなときは、やり方やメリットだけではなく、「なぜやるのか？」を明確にするといいでしょう。マーケティングコンサルタントのサイモン・シネクは、「Why ＝なぜやるか」の重要性を示す「**ゴールデンサークル理論**」を提唱しました。その理論によると、**優れたリーダーや組織には人を動かすための共通の方法があると言います。それは、まず「Why ＝なぜやるか」から伝えるやり方。**

理由をアピールする

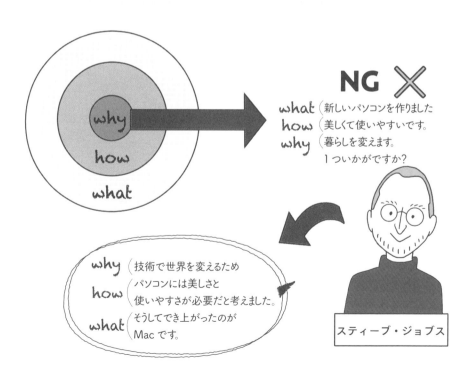

スティーブ・ジョブズもライト兄弟もまず、「技術によって世界を変えるためにやる」ということを発信しています。活動の内容や製品の特長を最初にアピールする企業は数多くありますが、彼らは価値観を伝え、多くのファンや協力者を集めました。**価値観は脳の原始的な部分を刺激するため、人を動かしやすい**のです。また、スタンフォード大学のロジャース教授が提唱したイノベーター理論によると、製品やプロジェクトの普及の過程で最初に支持者になる16%は、機能性や実用性よりも価値観に惹かれてファンになるそう。熱烈なファンをつくるには、行動の理由をアピールするのが有効なのです。

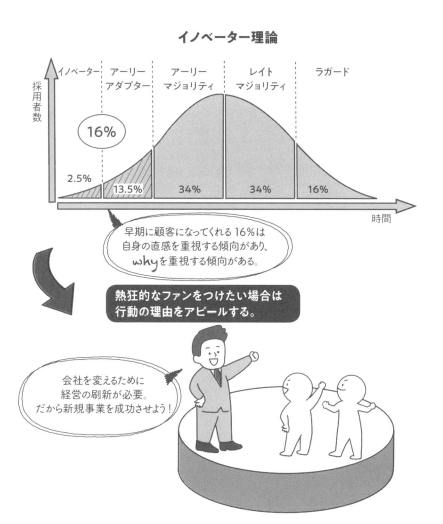

イノベーター理論

06 聞き手の共感を呼ぶ「ストーリー話法」

ストーリーでどんな変化が起きたのかを説明すると、普通に説明するよりも相手の心が動きます。

人は機能そのものよりも、価値観に共感します（p90）。その際に、理屈だけで伝えるよりも、価値観をより相手に伝えられる方法があります。それはストーリーを語るやり方。菅義偉首相は就任時に、秋田の農家出身で非エリートだったことを繰り返し話しました。苦労して内閣のトップに就任したストーリーは、人の心をつかみやすいうえ、「一般の人々の気持ちを酌める政治家」という印象を与える効果もあります。**ストーリーで価値観を伝えるポイントは、「共感」と「変化」**

情景が浮かぶと共感する

わが社は2人分の椅子と机しかない10畳のオフィスからスタートしました。

そんな時代があったんだなぁ

です。例えば、「渋谷駅から徒歩5分、2人分の椅子と机しかない10畳のオフィスから、わが社はスタートしました」のように、**情景が浮かぶような話し方をすると、相手がその状況を疑似体験できるので共感しやすくなります**。また、「変化」を強調するのも大切です。例えば、「女性目線で開発された車」をPRするとします。ただ機能を紹介するよりも、「これまで自動車業界は女性のニーズに応えてきませんでしたが、慣習を覆し、女性社員が女性向けの車を開発した」とストーリーを語ると、製品に込めた価値観が相手に伝わり、共感も得られて購入へとつながりやすくなります。

変化に人は心惹かれる

Before

Old

車は男のステータスであり、女性のニーズに応えていなかった

開発責任者に女性を登用
女性顧客に徹底的なヒアリング
これまでの常識を否定した

After

new!

可愛らしさのあるデザイン
女性が運転しやすいサイズ感
家計に優しい低燃費

07 相手の関心を引き出す 4つの話題

相手に興味を持って話を聞いてもらうためには、関心がある話題を絡めて話すのが効果的です。

人を動かしたいときは、相手に心を開いてもらうことが大切です。どんなに論理的にメリットを提示しても、「この人が言うことはよくわからない」「なんとなく信用がおけない」と思われてしまっては、動いてもらうことはできません。**相手と自分の間に壁があるようなときは、やみくもに話しても距離を縮めることはできません。そんなときは、相手の関心がある話題に絡めて話すといいでしょう。** 釣りが好きな人に、「この部分はカーボン製の釣り竿と同じ素材でできていて……」

相手の関心のある話題を話す

なるほど

○○に例えると
△△みたいな商品です。

興味がある話題ほど伝わりやすく
聞いてもらいやすい

などと話すと、相手の興味を引き出すことができます。また、自分に歩み寄ってくれていると相手が感じることで、心の距離を縮める効果もあります。**相手の関心を引き出す話題は、4種類あります**。テレビなどで大きく取り上げられている「流行やニュース」、不満や喜びなどの「感情」、趣味や仕事などの「相手の得意分野」、誰もが知っているような「有名」なもの。これらを上手に使えると、相手はみるみる話に食いついてきます。キーマンについて分析するときに、興味がある話題は何かを仕入れておくと、よりスムーズにプレゼン内容を組み立てることができます。

聞いてもらいやすい話題

08 あえてデメリットを 伝えて人を動かす

人間は成功よりも失敗のほうが、イメージしやすいものです。
失敗する恐怖が行動につながる場合もあります。

メリットを相手にイメージさせる話し方について p88 で解説しましたが、その**対極にあるのが「やらなかった場合のデメリットを強調する」という方法**です。例えば、ある歯科医院では歯のメンテナンス治療を勧めるときに、「歯のメンテナンスを続けていると、一生自分の歯で嚙めますよ」とアピールしていました。しかし、40 代以下の患者にはあまり響かなかったようです。そこで、若い世代に向けて「口臭で失っている恋愛は想像の 10 倍多い」というタイトルのパンフ

不安が相手を動かす

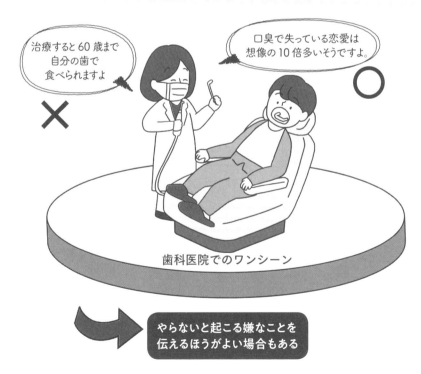

治療すると 60 歳まで自分の歯で食べられますよ

口臭で失っている恋愛は想像の 10 倍多いそうですよ。

歯科医院でのワンシーン

やらないと起こる嫌なことを伝えるほうがよい場合もある

レットを待合室に置いておきました。そして、メンテナンスを勧めるときにも活用するようにすると、多くの患者がメンテナンス治療を受けるようになったのです。**成功への期待よりも、失敗する恐怖のほうが人を動かす**のです。もしプレゼンのキーマンが慎重なタイプなら、成功したらどんなにいいことがあるかよりも、やらないとどんな地獄が待ち受けているかを伝えるほうが動いてもらえます。ただし、コロナ禍で「自粛をしないと感染者が爆発的に増える」と言われ続けたときのように、やりすぎは効果を下げるので注意しましょう。

効果は高いがやりすぎ注意

09 内容がなくても 自信があるように見せる技術

話す内容よりも、話し方を重視するタイプの人がいますが、話し方は訓練しだいでうまくなれます。

残念なことですが、話している内容ではなく「どんな人が話しているか」を重視する人は少なくありません。「話し方に自信がなさそう」「この人は大した人物でなさそう」と思われるだけで、人を動かすのは難しくなります。ただし、**自信にあふれたすごい人物に見せる方法は、ポイントさえ押さえれば誰にでも身につけることができます**。それを証明したのが、アメリカのウィル・スティーブンという青年。彼は世界的な講演会 **TED** カンファレンスで「頭がよさそうに TED

テクニックだけで魅了した TED のスピーチ

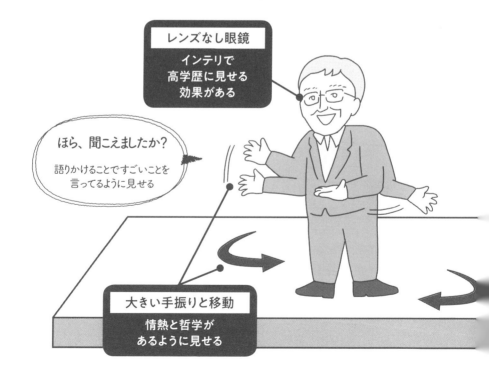

レンズなし眼鏡
インテリで
高学歴に見せる
効果がある

ほら、聞こえましたか？
語りかけることですごいことを
言ってるように見せる

大きい手振りと移動
情熱と哲学が
あるように見せる

風プレゼンをする方法」と題して、たいしたことを何も言わずに、約6分間のプレゼンをやりきりました。、それもまるで説得力がある優れた人物のように見せかけることに成功したのです。彼が行ったのは、「知的に見えるように眼鏡をかけ」「冒頭でまず聴衆に語りかけ」「ときに大切なことを話しているかのように個人的な話をし」「意味のない数字や人物をさも大事そうに見せる」といったことでした。TEDで一流の人物がするようなふるまいを見せて、知的な人物であるように見せかけることができたのです。**海外のプレゼンをそのままマネするのはおすすめしませんが、上手なプレゼンをする人をマネしてみるといいでしょう。**

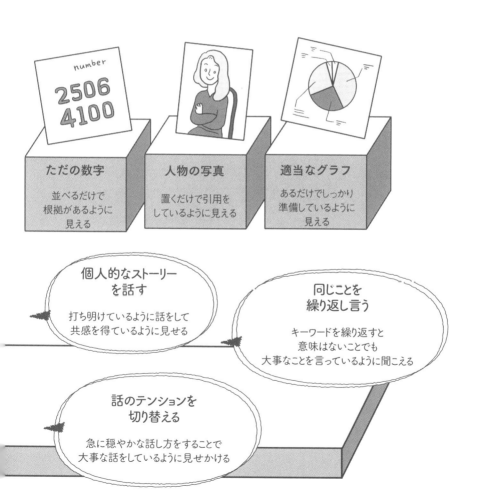

number
2506
4100

ただの数字
並べるだけで
根拠があるように
見える

人物の写真
置くだけで引用を
しているように見える

適当なグラフ
あるだけでしっかり
準備しているように
見える

個人的なストーリー
を話す
打ち明けているように話をして
共感を得ているように見せる

同じことを
繰り返し言う
キーワードを繰り返すと
意味はないことでも
大事なことを言っているように聞こえる

話のテンションを
切り替える
急に穏やかな話し方をすることで
大事な話をしているように見せかける

10 相手に3倍伝わる 数字を入れたプレゼン術

数字の持つ力は驚くほど大きいものです。上手に使って相手を動かす武器にしましょう。

たくさん言葉を重ねるよりも、時として効果を持つのが数字です。例えば、ある外資系保険会社の営業マンは成果主義の業界でなかなか結果が出ず、崖っぷちに立たされていました。そのときの彼のドル建て保険のセールストークは次のようなものです。「ドルは世界一信用のある通貨です。ヨーロッパや中国、さらにアフリカでも通用する価値の高い通貨なんです」。このようにドルのすごさをアピールしたのですが、まったくお客さんに響きませんでした。そこで「相

あいまいな形容詞では伝わらない

100

手のメリットになる結論から」「インパクトある３語で話す」セールストークに切り替えてもらいました。そして、でき上がったのが「利息は定期預金の180倍」という売り文句。そのあとに為替差益のメリットなどを畳みかけると、成約率が急上昇しました。実際の利息は1.8％とそこまで大きくはないのですが、**180倍という数字の力が聞く耳を持たなかった相手を動かしたのです**。ちなみに、ここから彼は大成功し、年収はそれまでの３倍になったと言います。数字の力で彼の人生が変わったのが、３倍という「数字」から読み取ることができますね。

まずは数字で食いつかせる

11 評判を気にする人に効く「第三者話法」

プレゼンでは第三者の目線を取り入れることで、人が動きやすくなります。話し方以外の要素にも着目しましょう。

聞き手を動かす手段のひとつに、**第三者の目線**を取り入れるという方法があります。どんなに自信と情熱を持ってプレゼンをしても、取り組んでいる本人がいくら「これはよい企画です。成功します」と話すだけでは、説得力は増しません。そんなときは、プレゼンのクオリティを高めるよりも、第三者の力を借りて説得力を高める方法があります。「同業者からも一目置かれます」「著名なデザイナーから推薦をいただきました」といったように、プレゼンター以外か

人は他人からの評判に弱い

らの評価を盛り込むことで、キーマンに「あの人が認めてくれるなら」と思わせることができます。また、自分のチームの一員に評価の高い人物がいることをアピールすることも、信頼性を高めることにつながります。プレゼンの目標がキーマンに動いてもらうことである以上、プレゼン前にキーマンの信頼する人に「この企画よさそうですね」と言ってもらうよう根回しするだけでも成功率は上がります。**プレゼンでどのように話すかも大切な要素ではありますが、「話し方以外で相手を動かす方法はないか」を考えることも、プレゼンの成功のためには重要なのです。**

第三者からの目線を加えることで
信頼性を高めることができる

12 絶対にNGの話し方① 上から目線で話す

本人にその気はなくとも上から目線と取られる場合があり、反感を買ってしまうと人を動かすのは難しくなります。

人は共感すると応援してくれますが（p90）、逆に**共感が得られないと応援されないどころか敵意を持たれる場合すらあります**。その一例が、上から目線だと思われること。「私には成功体験がある、だからこうするべきだ」という語り方は、「その成功はたまたまじゃないか」「自慢しているようで鼻につく」と、よほどうまくいかないと反感を買います。ほかにも「私が若い頃はこうやって乗り越えた」「海外経験からすると」「大学で学んだのですが」といった言い方は、その気は

共感を得られない話し方

私はこのような成功をしたのですが

成功体験から入ると、興味を持ってもらいにくい

なくとも相手に上から目線と取られる場合があります。一度反感を買うと、相手に動いてもらうのは難しくなってしまいます。反感を抑えて共感を得るためには、「**体験＋感情**」を伝えるのがおすすめです。「辛いことがあったけど、こうやって乗り越えた」「海外で悔しい思いをしたので、こうするべき」「役に立ちたいという思いで勉強し」など、**その人の思いが伝わると共感が得やすくなります**。感情がこもると相手の頭に映像が思い浮かびやすくなることもあり（p34）、伝わりやすさも倍増します。

実績ではなく感情を話す

13 絶対にNGの話し方②
本音を隠して話す

ビジネスにおいて、本音こそ人を動かします。自分が本心を隠さずに伝えられているか確かめましょう。

相手を動かしたいときに、「本音で話さない」ことが足を引っ張る場合があります。ある建設機械リース会社の幹部は、綿密に準備をして大手建設会社へプレゼンをしました。「これからはビッグデータの時代」「ほかのリース会社への依頼をやめ、うちに一括で発注してほしい」「そうすれば事故のデータを集められるので、ビッグデータを活用して事故率を2%下げられる」「そうすれば保険料を下げられる」と話したものの、色よい返事をもらえませんでした。では、取

うわべのトークでは人は動かない

ビッグデータ

事故減少

う〜ん

必ずお役に立ちます。
弊社に一任してください。

へらへらして
信用できない

引先のキーマンを動かすために、左記のなかのどれを最初に伝えるべきだったのでしょうか？　**正解は、「ほかのリース会社への依頼をやめ、うちに一括で発注してほしい」です**。これが一番の本音であり、人を動かすには話し手の気持ちをぶつけないといけない場合もあります。まず本音を話してからビッグデータなどの詳細を話すと、取引先の反応も違ったことでしょう。**プライドが高い人、お願いするのが苦手な人ほど、本音を言えず淡々と話してしまいがち**です。そうすると聞く側には何も伝わりません。感情をこめて本音を話し、覚悟が伝わると、相手からの信頼を勝ち取ることができる場合があります。

本音が本気を伝える

御社の重機のリースを
弊社1社にお任せ
いただけないでしょうか？

シリアスで
本気だ

ビッグデータ

なるほど！

コストも安く
抑えられます

事故減少

プレゼンで得する話し方

✕ 今日のテーマはプロジェクトの効率化です。

◯ 今日は得をする話を持ってきました。

最初にメリットを提示する

プレゼンでは興味を持って話を聞いてもらうのが大切です。そのためには、最初に聴衆を惹きつけることが重要になります。そして、もっとも相手を惹きつけるのはメリット。「今日は得する話を持ってきました」と言うだけで、食いつきがよくなります。相手のリアクションも大きくなるので、それを確認するとプレゼンでも緊張しにくくなります。

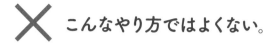 こんなやり方ではよくない。

  こんなやり方では破綻する。

強い言葉で危機感をあおる

相手の印象に残るのは、共感する言葉です。危機感を持つ人に訴えたいときには、意識して相手に共鳴する強い言葉を使いましょう。

みなさん。新製品の発表です。

iPhone ファンのみなさん。新製品の発表です。

特定の人に呼びかける

名前を呼ばれると親しみが持てるように、全体ではなく一部の人にだけ呼びかけると、より訴求力が高まります。

眠りが深くなると、健康になります。

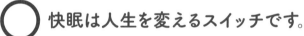 快眠は人生を変えるスイッチです。

何かに例えてみる

ただ説明するだけよりも、何かに例えることで相手の印象に残るようになります。また、映像として頭に思い浮かぶので話をイメージしやすくなります。例えるときのコツは、みんなが知っている言葉を使って短く例えること。「スイッチ」「階段」「カギ」といった身の回りのもの、「筋肉」「心臓」といった身体のパーツなどから例えるものを探すのがおすすめです。

✕ がんばらないと、失敗します。

  ◯ 今がんばれば、成功します。

前向きな言葉を使う

同じことを言っていても、否定語が入るかどうかで印象が大きく変わります。人の背中を押したいときは前向きな言葉を使いましょう。

愛情が大切です。 **✕**

世界で一番大切なのは、愛情です。 **◯**

順位付けをする

人はランク付けが好きな生き物です。順位が付けられると「なぜ、この順位なんだろう」と興味を持ってもらえます。

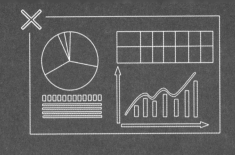

苦手な人との
会話を弾ませるコツ

「なんとなく苦手」「話が合いそうにない」という人のひとりやふたり、誰しもがいるはずです。そんな人と円滑にコミュニケーションを取るためには、相手に合わせた話し方をするようにしましょう。ポイントを押さえた話し方は、雑談や説明にも役立ちます。

媚びるよりも 相手のニーズを理解する

気に入られようとして苦手な人に合わせるのは、人間関係の悪循環につながる恐れがあります。

がんばって話そうとしても、どうしても相性が合わない人はいます。考え方が違ったり、話題がかみ合わなかったり、誰しもがひとりやふたり、苦手だと感じる人がいるでしょう。しかし、プライベートな付き合いならともかく、ビジネスであれば、苦手だからといって関わらないわけにはいきません。とはいえ、そんなときに気に入られようとして過度に相手に合わせて「**媚びる**」のはおすすめできません。マイナス感情を抱えたまま相手と関わっても、話すことに一

媚びると関係がうまくいかない。

苦手な人との
悪循環

怖いので媚びる

わかってくれないので怒る

生懸命になるあまり、相手のことを理解した会話ができないからです。そもそも良好な関係が築けていない理由のひとつは、相手の求めるものを普段こちらが提供できていないから。苦手であることを認めたうえで相手の求めるものを理解し、慎重に言葉を選ぶのが、苦手な人と関わるうえでは必要なのです。苦手な人と関係を築くためには、「媚びる」から「相手のニーズの理解」への切り替えを意識しましょう。「すぐ仲良くなる」のではなく、「相手の求めるものを理解する」「やり過ごしていくうちに徐々に関係を築いていく」ことを目標にしたコミュニケーションの方法を、次ページ以降で解説していきます。

大切なのは理解と慎重さ

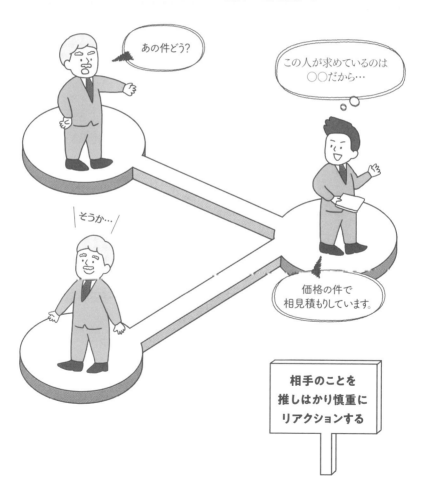

02

的外れで嫌われない！「欲求＆心配事サーチ」

相手が求めているものに応えるには、相手の欲求や心配事を把握しておくのがよいでしょう。

相手と良好な関係を築くには、相手の質問に的確に答えることが必要です。例えば、売り上げについて聞きたいと思っている上司から「あの取引先、どう？」と聞かれたときに、「担当者がいい人です」と答えたらどうでしょう？ **意図を汲んでくれない人として、評価が下がってしまうかもしれません。**逆に「6月までに100万円の利益が確定しました」と、上司が知りたい答えをすぐに出せたら評価は上がるでしょう。では、どのようにしたら的確な答えを返せるようにな

相手のほしい情報がわかるかがカギ

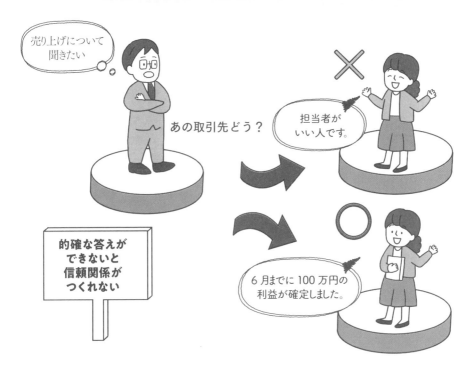

売り上げについて聞きたい

あの取引先どう？

担当者がいい人です。

的確な答えができないと信頼関係がつくれない

6月までに100万円の利益が確定しました。

るのでしょうか？　それは、**相手の欲求と心配事から相手が求める答えを推測する「欲求＆心配事サーチ」が効果的です**。例えば上司の場合、「売り上げを伸ばしたい」「部下を育成したい」「仕事を早く終わらせたい」などの欲求があり、ます。また、何かトラブルがあり、心配事を抱えているかもしれません。普段から周囲の人の欲求やトラブルを把握しておくと、相手がほしい答えがわかるようになります。**人間の求めるもの**は大体欲求を満たしてくれるものか、危機を救ってくれるものです。上司が取引先との関係を気にしているようであれば「取引先との関係は良好です」、チームの売り上げを気にしているようであれば「100万円の利益が出そうです」など、相手と状況に合わせた答えを出せるようにするのが大切です。

「欲求」か「心配事」から見つける

目的を探る「流用予測」で "怒られる"がゼロになる

相手が求める答えを探る方法のひとつに、相手が自分の説明を
何に使うのかから考えるやり方があります。

ビジネスにおいて苦手な人とうまく話すには、相手が求めているものに的確に応えることが大切です。そして**相手が求めているものを把握するためには、自分の説明を相手が何に使おうとしているのかを予測するようにしましょう。**これを「流用予測」と言います。例えば、上司であるチームリーダーからノルマについて説明を求められたとします。そのノルマの情報をチームリーダーが何に使うのかを考えるようにするのです。もし、チームリーダーが課長への報告に使う情

予測をすると話のポイントが明確に

ノルマは達成ですが
○○というトラブルがあり
改善しています

部署としてノルマを達成
しています。A社との
トラブルの対応中です。

フムフム

うんうん

部長

局長

ここを予測して話す

報を求めているのであれば、ノルマの達成・未達成だけではなく、「トラブルが
ないか」や「どうすればより向上できるか」を知りたいと考えるはずです。そ
のため、「〇〇というトラブルがありましたが、△△という方法で改善しました」
と答えると、チームリーダーは「〇〇というトラブルを抱えていたようですが、
△△というやり方で改善しようとしています」と報告できます。部下をしっか
り理解しているとしてチームリーダーの評価が上がり、聞きたいことに端的に
答えられているため、チームリーダーからのあなたの評価も上がります。流用
先は上司への報告だけとは限りません。伝えるのがメールなのか会議なのか、
そもそも流用せずに状況把握だけに使いたいのか、単なる雑談なのか……。**相
手の意図を具体的に把握し、それに合った答え方をするのがポイントです。**

さまざまな流用先を把握する

メール

会議

怖い取引先

雑談

具体的なイメージを
するのがポイント

04

話題が合わない人には「感情フォーカス」で対応

まったく共通点がないと仲良くなりにくいものですが、感情に
着目して話すことで、壁を取り除く糸口になります。

さまざまな年代や趣味嗜好の人と同じ場にいると、話題がかみ合わないことが
よくあります。とくに年代が離れていると、知らない話題になり、肩身が狭い
思いをすることがあるでしょう。そこで**無理に相手に合わせたり、知らないがゆ
えに失礼なことを言ってしまったりすると関係がさらに悪化してしまいます**。そうなら
ないためにも、相手の**感情にフォーカス**して話を聞いていくのがおすすめです。
例えば、上の年代の人と話をしているとき、「森高千里の『17才』という曲があっ

合わない人と知らない話題は危険

てね、もとは南沙織の歌なんだよ」という話題になったとします。「どちらも知りません」とか、「森高千里さんなら知っています」と話すと共通点のなさが浮き彫りになるばかりで、心の距離は離れてしまう一方です。そこで「『17才』という曲、お好きなんですか?」など、その人の感情にフォーカスして話します。すると、「あの曲はグッとくるんだよね」など、その人の好みや感性の話題になります。感情に関する話題であれば、理解し共感することができますし、相手も語るのが楽しくなります。この方法は下の年代の人と話すときや知らない分野の話題にも有効です。「プログラミングが趣味で……」と**知識のない話題になったときも、内容に踏み込んだり自分の感想を述べるのではなく、それをしているときの相手の感情について聞くと、無難にやり過ごすことができます。**

深入りしない感情フォーカス

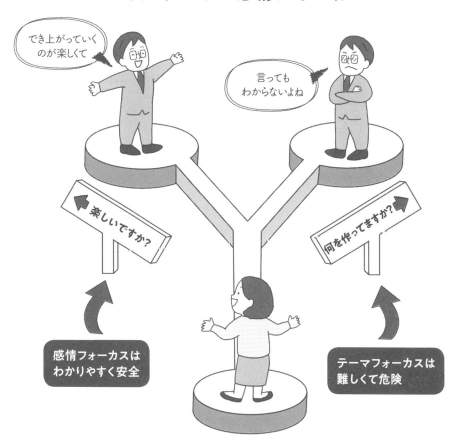

05

苦手な人とふたりきりに なったときに使える話題

苦手意識を持っていることに相手が気づいてしまうと大変です。無理しない範囲で声をかけられるようにしておきましょう。

プライベートであれ職場であれ、ひとりやふたりくらい話すのも嫌な人がいるのは、ある意味では自然なことです。どうしても話す必要がある場合は最小限の関わりで済ませ、無理に話そうとせずに笑顔でやり過ごすくらいでじつは充分なのです。ただし、もったいないのは、相手も関係を深めたいと思っているのになんとなく互いに**苦手意識**を持っている場合です。**ひどいときはお互いに避けるようになり、コミュニケーションが取りにくくなってしまいます**。そうなってしまう

相手も苦手意識を持っている場合も

要領を得ないから苦手なんだよなぁ

機嫌悪くて近寄りたくないな

顔を合わせないようにしよう…

と関係を改善するのは難しいため、どんな相手にも苦手意識を持っていることを悟らせないようにするべきです。例えばエレベーターでふたりきりになったとき、目をそらしたり、無言でいたりするのは絶対に避けましょう。いつ話しかけられてもいいように笑顔でいることはもちろん、こちらから先に声をかけたりすると相手は安心します。おすすめは天気の話をしたり、相手がうまくいった仕事について話したりすることですが、話せさえすれば内容は何でも構いません。無視しなかったという事実だけで、**「苦手意識を持たれていない」ということが相手に伝わるため、切り出しやすい会話の糸口を持っておくようにしましょう。**

ただ話すだけで、関係がよくなる

会社の前
おはようございます！
いい天気ですね

すれ違ったとき
ニコニコ

仕事がうまくいったとき
契約おめでとうございます。

06

苦手な人との間に橋を架ける 「コミュニケーションブリッジ」

映像化を意識した会話ができるようになると、苦手な相手とも
劇的な関係改善をはかることができるようになります。

映像が思い浮かぶように話したり（p30）、映像を思い浮かべながら聞いたりすること（p22）を1章で解説しました。このやりとりを重ねていくと、**お互いの頭の中に共通の映像が思い浮かぶようになり、事実関係だけでなく感情まで共有できるようになります**。そんな以心伝心の状態になる現象を、**コミュニケーションブリッジ**と呼んでいます。この状態になると、お互いの間に橋が架かったように話が伝わり、信頼関係は盤石のものになり、会話のテンポも速く楽しいものになっ

イメージを共有すると仲良くなる

ていきます。この現象は気ごころが知れた者同士だけに起こるのではありません。映像を思い浮かべながら話を聞き、共感した思いを相手に伝えることをしていくと、初対面の人とでも起こる可能性があります。同僚であれば普段の業務がはかどるようになり、取引先であれば心から頼りにされるようになります。もともと苦手意識がある人とでも打ち解けられるようになるでしょう。**苦手な相手との雑談は緊張するかもしれませんが、じつは相手と親密になれるチャンスなのです。**普段は会話のポイントを外さない（p116）ように意識しながら、機会があればコミュニケーションブリッジを意識して話してみましょう。

コミュニケーションブリッジ
映像での説明を意識し続けるとふたりの間のコミュニケーションが円滑になり、関係も良好になる

苦手意識をやわらげる「安全地帯セラピー」

ありのままの自分を肯定できるようになることが、話し方を劇的に改善させ、自信を持つことにつながります。

話すのに苦手意識がある人は、言葉が出てこなかったり、言いたいことが言えなかったりした経験があるはずです。では、その原因はどこにあるのでしょうか？多くの場合は過去の失敗した経験からきています。「何を言いたいのかわからない」と言われた、人前で発表して恥をかいた、盛り上げ上手なほかの人と比較して劣等感を感じたなど、**苦い経験から話すことに自信を失ってしまっているのです**。自信は声に表れます。明るい気持ちだとすっきりとしていて魅力的な声で

苦手意識は過去のトラウマから

すが、自信がなく暗い気持ちだと、ぼそぼそとした話し方になります。**魅力的な声を取り戻すのにおすすめなのが自己肯定感を高めること**です。自己肯定感とは、どんな自分でも肯定できる心理状態のこと。「うまく話さないといけない」とハードルを上げ、自分を責めたり劣等感を感じたりするのは自己肯定感が著しく低い状態です。そんなときは、楽しく話せる人と感じたままを話す「安全地帯セラピー」をするのがいいでしょう。不安なく話せる人と話すと、ありのままの自分を肯定できるようになります。ひとりでも「コミュニケーションブリッジ（p124）」ができた状態の人がいると不安がなくなり、声や表情が変わってきます。

安全地帯を増やすと苦手意識が消えていく

口下手な人におすすめの「仮説思考」の習慣

相手が何を求めているか、仮説を立てて話すことを意識することが、自己肯定感を保つことにもつながります。

話し上手な人や感動的なスピーチをする人は、どのように話せば相手にうまく伝わるかを綿密に準備して話しています。**無策で挑むよりも「こうすればうまくいくのでは?」という仮説を立てて話すほうが、心理的な負担は小さくなるものです。**相手がどんな目的で話を聞いているのかを予測して話す（p118）と、たとえそれが外れていたとしても「相手が求めていたことは、○○だったんだな」と次に生かすことができます。予測なしに会話をすると、うまくいかなかったときに

予測が難しいときは聞く

「相手が悪い」もしくは「自分が悪いんだ」という考え方につながります。仮説を立てて話すのは、自分を守ることにもつながるのです。予測をするのが難しい場合は、相手に直接聞くのもいいでしょう。**仕事相手であれば「どういった観点でご説明すればよろしいですか?」と聞くと、相手の聞きたいポイントを知ることができます。**また、他人との会話を「この人は何を求めて聞いているんだろう」と意識して聞くことで、人が求めているものが何かを理解する練習になります。普段の会話や仕事での商談などで、常にセンサーを張りめぐらせておきましょう。予測の精度を上げていけば、苦手な人とも上手に話せるようになります。

仮説思考で自分を守る

「1トーク1プレゼント」で苦手な人はいなくなる

話すときの目線を自分ではなく相手に切り替えることで、苦手な人との会話はグッと楽になります。

苦手な人と話すとき、意識は自分に向きがちです。「こんなこと言ったら怒られるかな」「どうすれば気に入られるだろうか」「早く会話を終わらせて楽になりたい」など、**自分にプラスになることや、気まずくならないようにすることばかりを考えてしまうもの**です。よいことよりも悪いことに意識がいってしまったり、自分のことばかり考えてしまうのは危機を避けるために生まれつき備わった性質だと言えます。しかし、その意識を変えていくと、苦手な人との会話を苦しいもの

苦手な人との会話は自分に意識がいきがち

怒られたくない

気に入られたい

早く切り上げたい

から楽しいものに変えていくことができます。相手が求めているものを予測するとき、危機を脱するためではなく、相手にプレゼントをあげるような気持ちで考えてみるといいでしょう。相手がどんな気分で、何に興味があり、どんなことに困っているか……。そういったことを**「相手のためにしてあげたい」という気持ちで考えると、相手基準でものごとを考えられるようになり、求めているものが手に取るようにわかるようになります**。1回の会話ごとに1度は相手のためになることを話そうとする「1トーク1プレゼント」の意識を持つことが相手の理解につながり、結果的に自分のためになるのです。

"相手基準" で会話が変わる

何に
困っている?

興味が
あるものは?

話したい
気分?

プレゼントをあげる
気持ちで会話をす
るとうまくいく

じつはNGの話し方①
「ネガポジ返し」

相談を受けたとき、話の聞き方や答え方には注意が必要です。
相手の気持ちに寄り添った対応をしましょう。

人間関係をよくする話し方をしたいなら覚えておくといいのが、一緒に考える
姿勢を示すと相手と仲良くなれるということ。例えば、「今日の晩ごはん、何が
いい？」と家族から聞かれたとき、「何でもいいよ」と答えるのも「唐揚げ」と
答えるのも、あまりよい答えとは言えません。前者は「晩御飯、どうしよう」
という悩みに寄り添っていないし、後者は「できればあまり手間をかけたくない」
という気持ちを無視して答えています。それよりは「うーん、どうしようねえ」

ポジティブ返しの罠

と一緒に悩んでくれるほうが相手にとってはうれしく感じるものです。普段の会話でも同じです。「最近全然うまくいかなくて」という**ネガティブな相談**を受けたときに、「そんなに気にすることないよ」とか「朝運動すると気持ちがすっきりするよ」といったポジティブな言葉をかけるのはやめておいたほうがいいでしょう。相手の隠れた悩みを無視しているかもしれないし、一緒に考える姿勢が感じられず、心理的距離が開いてしまいます。相手の言葉を映像で思い浮かべて興味を持って聞き、相手の言葉に共感して寄り添うだけでいいのです。そうすると相手は肯定されたように感じ、安心できます。

興味→共感→肯定が黄金ルール

11

じつはNGの話し方②
オウム返しを多用する

話を聞くときに、「形だけのオウム返しは」厳禁です。感情を込めた相づちを心がけましょう。

雑談では会話のラリーが続くようにするのがコツですが、よい人間関係を築くうえで、ひとつだけ注意したいのが「オウム返し」です。会話のマニュアル本には「話を聞くときはオウム返しで反応するとよい」というようなことがよく書いてあります。しかし、**形だけのオウム返しには気持ちがまったく入っておらず、相手を失望させるだけでかえって関係を損なうこともあります**。カウンセラーの勉強をしている人にも、この悪癖が身についている人をよく見かけます。コミュ

心の距離が離れるオウム返し

話に興味がないように思われてしまう

ニケーションは形だけマネをしてもうまくはいきません。例外は相手の話に本当に衝撃を受けて、声が自然に漏れ出たときです。「1時間待って食べたのが大海老天そばで、大きな穴子までついて値段が１０００円」と聞いたときに「えっ！１０００円！」と、考えもせずに**言葉が自然に出る**ような場合があるはずです。それは本当の気持ちから生まれた言葉ですから、相手も喜んで受け入れてくれます。ですから**「話を聞いたらオウム返しで共感する」といった思い込みはなくして、相手の話には素直に感じたままを返すように心がければうまくいくでしょう。**

オウム返しは映像が共有できたときだけ

気持ちが強く動くと言葉が自然と出てくる

人に嫌われない話し方

✕ （サッカーが好きと言われて）
サッカー嫌いなんだよね。

◯ （サッカーが好きと言われて）
そうなんだ！？

余計な一言を言わない

人に嫌われる話し方をする人は、余計な一言が多い傾向があります。自分が好きなものをはっきり「嫌い」と言われるのはあまり気持ちのいいものではありません。すでに信頼関係ができているのであれば別ですが、無理に自己主張しないようにしましょう。リアクションは何でもいいので、相手が好きなものの話を否定せずに受け入れること。それができればよい関係を築けます。

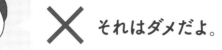

×　それはダメだよ。

 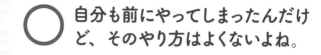

○　自分も前にやってしまったんだけ
　　ど、そのやり方はよくないよね。

ストレートに全否定しない

真っ向から相手を否定してしまうと、どんな金言も響かないもの。
嘘_{うそ}でも「自分も同じ経験があって」と話せるといいでしょう。

要するにこういう話ですね。　　×　

それは大変ですね。　　○　

話をまとめようとしない

話の要約は会話においては誰も得をしません。まとめられてしまう
と、相手は話したいことを話せなくなってしまいます。

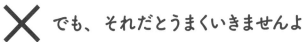

✕ でも、それだとうまくいきませんよ

◯ そういうやり方があるんですね。
こんなときはどうですか?

必ず一度は相手を受け入れる

「でも」は相手に嫌われる言葉の代表格です。相手が話したことを全否定しているようにとらえられてしまうので、ムッとされてしまいます。矛盾に気がつくのは大切ですが、相手の話のよい部分を見つけるのも同じくらい大切です。一度は「そうなんですね」と、相手のことを全面的に受け入れるようにしましょう。指摘したい場合は、そのあとに聞くようにしましょう。

✕ その服、似合いますね。

  ○ 雰囲気変わりましたね。

容姿の話は避ける

とくに異性に対して、職場などで容姿に関わる話題は避けたほうがベター。ほめたからといってOKではありませんので要注意。

私なんてまだまだですが、
がんばります。 ✕

精一杯がんばります。 ○

「私なんて」を言わない

ハードルを下げたいからか、自分を低く見せる人は多いです。しかし、不必要に卑下をすると自意識過剰な人に見られてしまいます。

君のダメなところなんだけど、

◯ どうしたらよくなるかな？

否定ではなく疑問形で返す

どんなに相手が間違っているとしても、相手の言い分を聞く姿勢は必要。全面的な否定は相手の反発を招き、聞き入れる耳を持たなくさせます。じつは相手のほうが正しいという場合もあります。「自分の意見としてはこれが正しいと思う」という言い方が、相手と対等な関係を築くフェアな話し方です。相手をよくしたいという思いがあるのであれば、伝え方には気をつけましょう。

✕ この書類、こことあそこは
どうすればいいですか?

 ◯ このようにしようと思うのですが
問題ありませんか?

細かく聞かずに提案する

頼まれ事に細かく質問するのは印象がよくありません。自分で考えて、こちらから提案をするようにしましょう。

渋滞に巻き込まれて
5分遅くなってしまいました。 ✕

すみません。遅くなりました。 ◯

相手の感情を優先して謝る

コミュニケーションは相手の感情を優先するのが鉄則。よほど納得できる理由でない場合は、すぐ謝るようにしましょう。

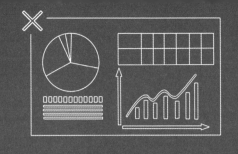

05 Chapter

職場の評価が上がる
上司・部下との会話術

激しく意見が衝突するようなチームは、たとえ議論が活発でも意外と生産性が低いものです。何でも話せる、「心理的安全性」のあるチームづくりにつながる話し方を理解しましょう。言いたいことを穏やかに伝えられるようになり、人間関係がよくなります。

01 「雨降って地固まる」より "波風を立たせない" が重要

生産性のあるチームをつくるためには、「言いたいことを上手に伝える」文化をつくる必要があります。

「よりクオリティの高い仕事をするために、言いたいことは言い合う」。一見あるべき姿のように思えますが、果たしてそれでチームの生産性は上がるのでしょうか？　近年、「**心理的安全性**」という言葉が注目されています。Google が自社の生産性向上のために分析をして提唱した言葉で、**チーム内で誰に何を言っても、どのような指摘をしても、拒絶される心配がない状態**のことを言います。これは「罰せられないルールをつくる」ということではなく、自由に発言できる

ぶつかり合うのはリスク大

雰囲気が社内にあるかどうかを表しています。実際に「心理的安全性」が保たれているチームは、生産性が高いことがわかっています。「心理的安全性」が高い状態であれば、言いたいことを言い合うのもよいでしょう。しかし、チーム内に何でも言い合う文化ができていないときに、それぞれがストレートな物言いをしたらどうなるでしょうか？　おそらく、発言者が浮いてしまい拒絶されるか、言われたほうが落ち込んでしまい積極的に話せなくなってしまうでしょう。**大切なのは「言いたいことを、波風を立たせずに上手に相手に伝える」こと。**そうすると、「言いたいことを伝える」という文化が育ち、チーム力が向上します。

発言しやすい環境をつくる

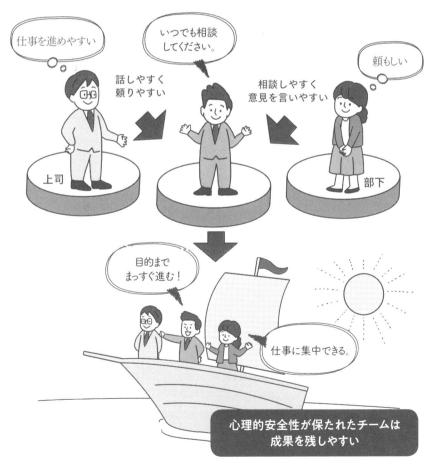

02 上司には反論するよりも 疑問形で質問する

上司に意見するときは、直接的な言い方は避けたほうが無難です。穏やかに意見を交わすようにしましょう。

会議などで上司にきっぱりと否定されて反論したくなったことは、多くの社会人があるでしょう。そんなときに「お言葉ですが、そのご指摘は間違っていると思います」と真っ向から異を唱えるのは避けたほうがいいでしょう。**上司の判断そのもの全否定しているように取られてしまいます。また、経験が少ない部下からの意見は上司にとって気持ちのいいものではありません。**ここであまり波風を立たせてしまうと、上司のほうが逆に言いたいことが言えなくなってしまいます。

上司への反論は真っ向からしない

お言葉ですが、そのご意見は間違っていると思います。

売り上げが伸びているデータがあり、事業は継続すべきです。

決定者は上司であり
その判断を否定しているようにとらえられてしまう!

おすすめなのが、「それについては、どうお考えですか？」「どうするのがいい
でしょうか？」のように、**疑問形で質問**をすること。これであれば自分の意見
も伝えられますし、カドが立つこともありません。**質問をするうえで大切なのは、
上司との対話を通じて論点を明確にしていくこと**です。「その企画はダメだ」と上
司が判断したのであれば、その根拠はどこにあるのかを上司の話を聞いて探っ
ていくようにしましょう。そして、その根拠が納得できないものであるのであ
れば、「その根拠がなぜ自分は納得できないのか」を明確にしたうえで上司に
質問をすると、意見をより深めることができます。

質問で意見は伝えられる

なるほど。ですが
売り上げが伸びている
データがあります。

新規事業は中止だね。

それについては
どうお考えですか？

そうですね。
それを確かめるために
もう少し継続するのも
いいかと思うのですが
いかがでしょうか？

それについては
時期的なもので
通年では赤字で
はないかな。

質問することで波風を立たせずに論点を明確にできる

03 「アンサーファースト」で信頼感を倍増させる

聞かれたことに素直に答えられるようになると、社内での評価も上がり、意見を言いやすい環境を築けるようになります。

何でも言いやすい雰囲気をつくるためには、普段からスムーズな意見交換をすることが大切です。しかし、話すときに言い訳から入ってしまうと、聞く側にとってストレスにもなります。あまりにも**要領を得ない話が続くようでは、話さえ聞いてもらえなくなる**でしょう。例えば、大手通信会社の新入社員の話です。初めて企画の責任者に抜擢された彼女は、幹部の前でプレゼンをする予定でした。プレッシャーの大きさが上司にも感じられたのでしょう。アドバイスをしようとプ

言い訳から入ると評価が下がる

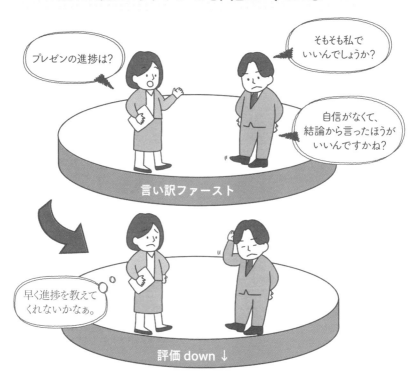

プレゼンの進捗は?

そもそも私でいいんでしょうか?

自信がなくて、結論から言ったほうがいいんですかね?

言い訳ファースト

早く進捗を教えてくれないかなあ。

評価 down ↓

レゼンの進捗を彼女に聞くと、「あの、私がプレゼンを担当してもいいものなのでしょうか？」と答えました。「もちろん大丈夫。それで進捗は？」と上司があらためて聞いても、「自信がない」「プレゼンのやり方はこれではよくないかもしれない」「この原稿の、この部分に疑問がある」とすぐに別の話をしてしまいます。結局は上司から愛想をつかされてしまい、話を聞いてもらえなくなってしまいました。聞かれたことに素直に答えるのは、意外とできていない人が多いのです。**たとえ答えにくい質問でも、相手が聞きたいことを真っ先に話せるようになると、社内での評価も上がります。**

「答えが先」で扱いやすい部下に

アンサーファーストで低い評価が改善する

04 依頼が聞いてもらいやすくなる「クッション言葉」

相手の事情を思いやる姿勢を見せることが、感情的にならずにコミュニケーションが取れる信頼関係をつくります。

上司や部下と**信頼関係をつくるには、相手を思いやる話し方をすることが大切**です。唐突に「資料の確認をお願いします」「打ち合わせ時間ですが、15時に変更できますか?」と、相手の事情をかえりみない話し方は、相手を不快にさせる可能性があります。相手に嫌な思いをさせずにお願いする方法のひとつに、「クッション言葉」があります。依頼する言葉の前に「お手数ですが、資料のご確認をお願いします」「恐れ入りますが、打ち合わせ時間の変更をお願いでき

そっけない言い方はトラブルのもと

資料の確認をお願いします。

打ち合わせ時間ですが、15時に変更できますか?

グイッ

グイッ

クッション言葉なし

ますか?」と一言入れると、印象が柔らかくなります。しかし、一番よいのはクッション言葉よりも、相手が納得できる言葉を先にかけること。「資料のご確認をお願いします。プレゼンを成功させたくて」「打ち合わせ時間の変更をお願いできますか?　急な来客が入ってしまいました」など、こちらの事情を話すと相手も判断がつき、対応を決められます。大切なのは、相手の事情を思いやりつつ、こちらの事情を伝えること。**お互いに情報交換をして対話の姿勢を示すことが、信頼関係の構築につながります。**

一番のクッションは納得できる理由

05 上司への相談は短い言葉で

依頼をしにくい忙しい上司にも、シンプルに話すことができれば聞いてもらいやすくなり、よい関係を築けます。

上司にお願い事をするとき、とくに自分に負い目があるようなときは頼みづらいものです。その気持ちが言葉に表れると、言葉数が多くなり相手に真意が伝わりにくくなります。例えば、子どもがいる会社員の話です。シフトを組む日を1週間前倒ししてほしいということを伝えたいとします。「うちは妻が長期出張中でして」「子どもも病気がちで、保育園からの呼び出しも多いんです」「なので母にお迎えを頼んでいるのですが、母にも都合がありまして」と、**理由か**

前置きが長いほど心証は悪くなる

ら説明を始めてしまうと、要領を得ず上司のストレスになります。忙しい上司であればなおさら、**端的に短い言葉で**依頼をするようにしましょう。まずは結論から、「シフト表の提出について、ご相談があります」と3語で話し（p52）、「時期を1週間早めていただけないでしょうか？」「というのも、……」と相手の映像化が追い付くように区切って（p30）詳細や理由を話します。もちろん相談を依頼したときに、時間を取ってもらえるようであれば「ありがとうございます」とお礼を言うようにしましょう。**短く、礼儀正しく伝えられるようになれば、話を聞いてもらいやすい関係が築けます。**

短い言葉のほうが伝わりやすい

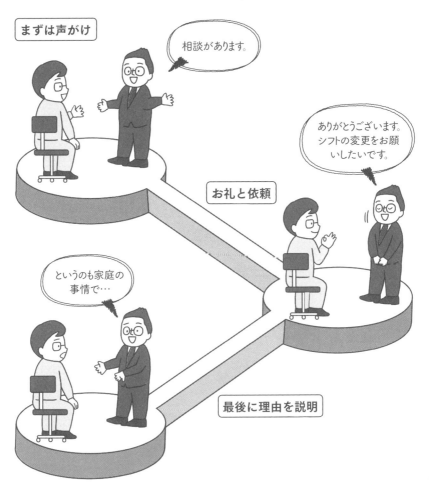

まずは声がけ

相談があります。

ありがとうございます。シフトの変更をお願いしたいです。

お礼と依頼

というのも家庭の事情で…

最後に理由を説明

06 叱るより質問することで部下自身に考えさせる

部下を指導する際は、感情的に叱るよりも、「なぜできなかったのか？」「どうしたらよかったか？」を聞くほうが効果的です。

部下が失敗をしたときに、気付きを与えて改善へと導くのは上司の役割のひとつです。ただし、叱り方が悪いと部下は何も言えなくなってしまい、「心理的安全性（p144）」が保たれなくなり、職場の生産性も下がってしまいます。**叱るときにやってはいけないのは、「怒りに任せて、人前で長々と」叱ること**です。相手を屈服させて、部下を強制的に従わせるのが指導だと思っている人ほど、感情的になりがち。叱るというよりも、「何が失敗の原因で」「どうすれば防げた

感情的な叱り方はNG

だから君はダメなんだ。こういうときはああしなきゃダメだろ。第一…

みんなの前で…辱められた!!

ダメな叱り方は
怒りに任せて・人前で・長く叱る

か」を突きつめる意識で部下と話すのがいいでしょう。「どうしてこうなったと思う？」「次はどうやってやる？」と質問することで、部下自身に考えさせるようにします。原因を追及する話し方がいいのは、人前で話せば話すほどチーム力が上がることです。**言われた相手の行動は改善し、部署内での情報共有にもつながります。また、叱っているわけではないので雰囲気もよくなります。**近くにいるときに「あなただったら、どうやりますか？」を聞いたっていいのです。叱られないことで、チャレンジしやすい雰囲気も生まれるはずです。

質問して部下に考えさせる

こうなった原因はなんだと思う？
どうすれば防げたかな？

次からはこうしよう！

ああすれば失敗
しないのか。

嫌なこと言われないから
挑戦しやすいな。

行動改善

情報共有

雰囲気◎

07 部下への指示はシンプル & 短く

指示がうまく伝わらないときは、「説明のしすぎ」を避けることが大切です。シンプルな指示が相手の行動につながります。

部下に指示を出したはずなのに、きちんと伝わっていないという経験は管理職なら誰でもあるでしょう。それどころか何回言っても伝わらない、伝えたことと違うことをしてしまうなんて場合もあるでしょう。じつはそれ、上司にも原因があるのかもしれません。とくに、**部下に細かく説明をするという人は要注意**です。というのも、部下に指示するときは短い言葉で何をすべきかを伝えることが大切だからです。例えば、ある歯科医院長がスタッフに指示を出したときの

説明しすぎは相手に響かない

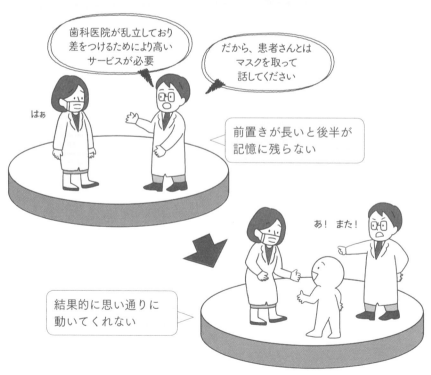

歯科医院が乱立しており差をつけるためにより高いサービスが必要

だから、患者さんとはマスクを取って話してください

はぁ

前置きが長いと後半が記憶に残らない

あ！また！

結果的に思い通りに動いてくれない

ことです。「患者さんと話すときはマスクを取るように」と指示をしたものの、院長の目につかないところで指示を守らない人がたくさんいました。この院長は、**状況や背景の説明**から始めるタイプでした。「歯科医院が過剰に増えている昨今、患者さんはサービスで通う歯科医院を決めている」など、一通り話した後に本題のマスクを外す指示をしていました。聞く側からしてみれば、話の最後まで集中力が持ちません。**肝心の指示のインパクトが薄まってしまうため、スタッフの印象に残らなかったのです。**部下には「何をするか」だけを伝えるイメージで話すのがいいでしょう。

指示は短く、不満は言わない

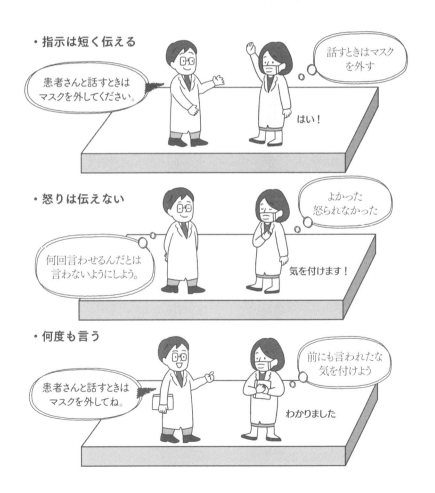

・指示は短く伝える

患者さんと話すときはマスクを外してください。

話すときはマスクを外す

はい！

・怒りは伝えない

何回言わせるんだとは言わないようにしよう。

よかった 怒られなかった

気を付けます！

・何度も言う

患者さんと話すときはマスクを外してね。

前にも言われたな 気を付けよう

わかりました

08 チームのモチベーションを高める声がけの方法

人を巻き込んでプロジェクトを進めるには、チームのモチベーションを高める話し方が必要になります。

チームを率いるときに、メンバーが思うようについてこない場合があります。自分はやる気に満ち溢れているのに、それを共有できないのはもどかしいものです。そんなときに**正論で話してしまうと、人はついてきません**。「もっと真剣にやらないと」「その作業は無駄だから効率を考えよう」など、**客観的に正しい指摘**も相手に受け入れられなければ逆効果です。かといって、思ってもいないことをほめるのも、あまりよくありません。心からほめていないのが伝わる場合もあり

「耳が痛いこと」で人は動かない

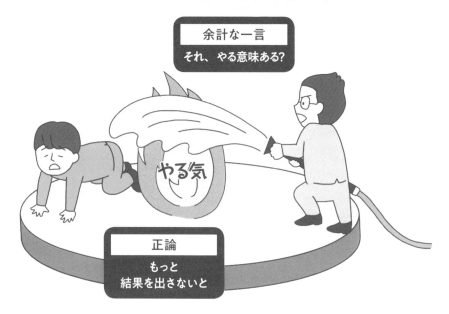

余計な一言
それ、やる意味ある?

やる気

正論
もっと
結果を出さないと

正しい指摘がいい結果につながるわけではない

ますし、ほめられることを原動力にするのは成長につながりません。おすすめは、相手をちゃんと見ていることを伝えることです。**メンバーに向かって「こういうふうにやっているんだ」と話しかければ、自分の努力を見てくれていたと感じます**。すると自分の居場所があるように感じられ、報告や質問がしやすくなります。不満に感じる部分も「ここ十分かな？」と聞くと、メンバーの口からこだわりや考え方を聞くことができます。また、リーダー本人が明るく楽しそうに話すことが大切です。楽しそうに語ると周りに人が集まってきます。ハッピーなイメージが相手に伝わるように心がけましょう。

理解していればほめは不要

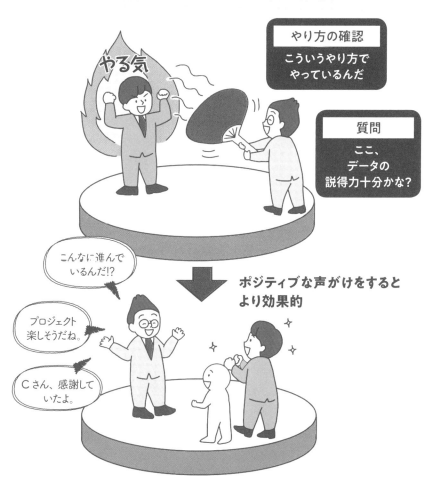

09 感想を伝えるときに 前置きはいらない

職場ではネガティブな評価を伝えないといけない場面もあります。そんなときは率直に伝えるのが一番です。

後輩があげてきた企画がお世辞にもよいと言い難かったとき、あなたならどう伝えるでしょうか？ 「発想はおもしろいけど、実現性がないね」と一部を無理やりほめる人もいるでしょう。「あなたのことを思って言うけど、企画のポイントがわかっていないようだね」とあえて嫌われ役を買って出る場合もあります。じつはこれらの**「前置き」は、話を余計に伝わりにくくさせています。**まず、前置きによって余計なイメージが入り、本題が相手の頭に入りにくくなるからです。

前置きで伝わりにくくなる

「あなたのため」は
額面通りに受け入れられず
嫌な気持ちにさせる

君の将来
を思って

本当は
言いたくない
のだけれど

君のために
言うけど

ガミガミ

ほんとかよ…

「発想は面白いんだ」とか「本当にこの人、自分のことを思っているのかな」という考えが浮かぶと、肝心の指摘が頭に入ってきません。とくに「君のためを思って」は逆に相手を嫌な気持ちにさせることがあるので要注意です。一番よいのは、「あくまで私**個人の感想**」ということが伝わるように、率直に伝えること。そうすれば、「いや、そんなことないと思うけどどうですかね」と相手に反論する余地を残せます。人間の感性は人によって違うもの。**大切なのは相手の意見を捻じ曲げることではなく、素直に感じたことを伝え、価値観をすり合わせていくことなのです。**

感想は率直に伝える

どうですか？

このデザイン、微妙じゃない？

デザイン案

意見に対して反論がある場合

意見に対して反論がない場合

ここはこういう意図があって…

ちょっと考え直します。

相手が意見を言いやすく過度に追い詰めずに済む

10 イメージ共有を繰り返すとチーム力が高まる

生産性の高い「心理的安全性」の保たれたチームをつくるためには、会話の仕方を変えることが有効です。

映像が思い浮かぶコミュニケーション（p22、30）を続けていると、「コミュニケーションブリッジ（p124）」という以心伝心の状態になります。映像を思い浮かべながら話を聞くことで相手の体験を自分のことのように感じ、それを相互に繰り返すことで手短な言葉で多くの情報が伝わるようになっていきます。**じつは「心理的安全性」が保たれている生産性が高いチームは、コミュニケーションブリッジのような関係性ができ上がっていることが多いのです。** 何でも話せるのは、お互

強いチームは以心伝心

いに共感し合える土台ができているからこそ。お互いの話や考え方を、映像で思い浮かべる習慣があるからチーム力が高まっていきます。「話し手は、感情を交えながら映像をイメージして話す」「聞き手は相手の話を映像でイメージして、実際に体験をしたかのように相づちを打つ」。**このような映像共有を繰り返すと、情報交換が活発になります**。困ったことがあっても「こんなことがあったんですよ」と気軽かつ具体的に話せるようになります。また、多様な考えを会話によって伝え合うことができるようになり、働きやすい職場をつくることができます。

映像共有の繰り返しでチーム力は高まる

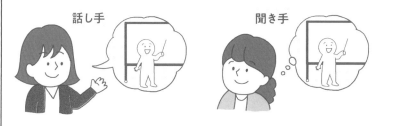

映像共有のコツ

話し手　　　　　　　　　聞き手

・話し手は、感情を交えながら映像をイメージして話す
・聞き手は相手の話を映像でイメージする
・聞き手は映像を思い浮かべながら感情をこめて相づちを打つ

社内の会話で得する話し方

✕ この資料、要点がわかりにくいし、
ところどころ日本語がおかしい。

◯ 時間通りに仕上げてくれてありがとう。

よいところも指摘する

仕事なので悪いところはきちんと指摘するべきですが、相手も人間なので指摘されてばかりだとモチベーションが下がります。これは心理学的にも認められており、ポジティブな発言とネガティブな発言が3：1の会社は業績がいい傾向があるという研究結果があります。悪いところを指摘するあまり、相手のよいところを消してしまっていないか省みるようにしましょう。

なんでチェックしないんだ！

 ○ なぜチェックを
忘れてしまったの？

失敗の理由を質問する

相手もわざと失敗しているわけではありません。問い詰めるよりも
失敗の原因を質問し、原因究明を促すようにしましょう。

ありがとう。

きちんと整理してくれて
ありがとう。

感情をこめてお礼を言う

うわべだけではなく、感情をこめると相手もうれしくなります。ちゃ
んと相手のことを見ていることを伝えるようにしましょう。

こうやるともっといいよ。

◯ へー、それはすごいね。

感心を示してやる気を高める

部下のやる気がもっとも高まるのは、やったことに対して感心して
もらえたときです。多少のあらがあっても想像よりできがよければ
「へー、それはすごいね」と感心したことを示しましょう。「あの人
はすごい」と言ってもらった人は、その後成長しやすいものです。
指摘したい部分があれば、一通りポジティブな感想を伝えた後にし
ましょう。

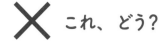 ✕ これ、どう?

 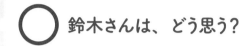 ◯ 鈴木さんは、どう思う?

名前を呼ばれると信頼感が増す

名前を呼ばれると、自分の存在を認められたようでうれしくなるものです。話しかけるときは、名前を呼んで声をかけましょう。

報告はしっかりするべきだ。 ✕

報告をしなかったことで、
こんな失敗をしてね。 ◯

失敗談で距離を縮める

正論を押しつけるよりも、失敗談を話したほうが相手に響きます。失敗を積極的に共有できると、挑戦しやすいチームになります。

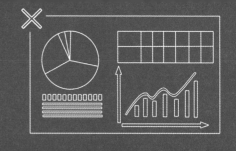

オンライン・電話での
上手な話し方

急速に普及したリモートワーク。 使い慣れない分デメリットもあります
が、 そのデメリットを解消できるような話し方を目指しましょう。 効率よ
く話したいことを伝えるオンラインの話し方は、 電話での会話にも応用
ができます。

01 オンライン通話の メリットとデメリット

オンラインや電話では事前準備ができるのがメリット。効率的に仕事をするために、1回で伝えきる話し方を意識しましょう。

リモートワークの導入により、対面しなくとも仕事のやり取りができるようになりました。**オフィスのコスト削減や出社の負担軽減などのメリットがある一方で、デメリットも生まれてきています**。それは、場を共有しないことによる、「**打ち合わせ時間の増加**」と「ミスの増加」。移動の負担が減った分、オンラインでの打ち合わせが気軽に行われるようになりました。また外部だけではなくて、社内の人間からも電話やチャットが入ってきます。そして定例のオンライン会議は対

オンラインで自分の時間が減っている

面よりも進行がしにくいため、結論を出すのに時間がかかります。その結果、勤務中の自分の作業に使える時間が取られてしまうのです。一方で場を共有しないため、連携が不足しミスも多くなります。同じ場にいたら防げたミスも、各々が自宅で仕事をするために起こりがちです。ミスが起きるとそのフォローのために作業時間も増えます。そのため、だらだらと無駄な話をしないことはもちろん、用件だけ済ませようとする話し方も NG。オンラインによる労働時間の増加を防ぐためには、**事前の準備をして1回の打ち合わせや会議、電話で漏れなく、有意義な意見交換をすることが大切**です。

万全の準備で時間を増やす

02 「議題共有」「意見準備」で 無駄な時間を減らす

WEB会議では、事前の準備がとくに大事。事前に議題を共有し、話す内容を決めておけば、スムーズに進行できます。

全員がオフィスで仕事をしていたときとくらべて、リモートワークでは情報の共有がしにくくなります。また、顔を合わせての事前のすり合わせもできません。そして、**対面でなら伝わる微妙なニュアンスが伝わらなくなるため、会議が長くなりがち**です。「いつもならスムーズに伝わるのに……」なんてことが、オンラインではよく起こります。議題を考慮して**合意形成**が難しそうであれば、事前に対策をしておくのがいいでしょう。例えば、出席者から指摘が入りそうな

長い会議は時間のムダ

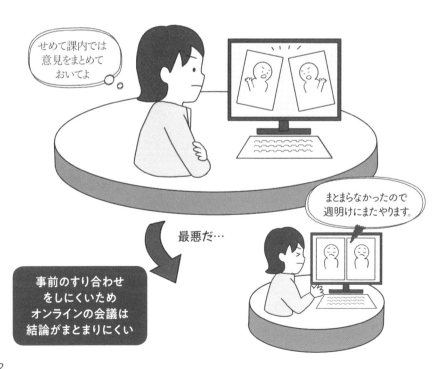

せめて課内では意見をまとめておいてよ

まとまらなかったので週明けにまたやります。

最悪だ…

事前のすり合わせをしにくいためオンラインの会議は結論がまとまりにくい

箇所があれば、自分の考えの根拠となる情報を明確にしておくことが大切です。WEB会議では手元に資料を用意するのも容易なので、「この数字、どうなの？」などと聞かれたときに、スムーズに答えられるようにしておきましょう。また、WEB会議で司会進行を任されたときには、議題の共有をしておきます。「何をどこまで決めておくのか」「どういう観点で議論したいのか」を**あらかじめ伝えておくことで、落としどころに着地しやすく、考える時間も短縮できます**。また、どういったところで意見が対立するかをあらかじめ予想しておくことで、会議が円滑に進められるようになります。

準備＆共有で大きく時短できる

・意見の準備

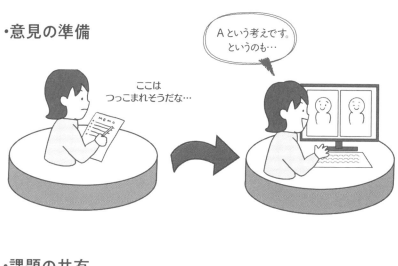

・課題の共有

03 メインテーマに絞って "長時間脱線" を防ぐ

長くなってしまいがちな仕事の電話。結論から話すように意識すると、時間の無駄を省くことができます。

「急にかかってきた電話に対応していたら、気づいたら1時間たっていた」「他の業務もあるのに、仕事が全然終わらない」。普段の業務中にそんな事態に陥っていないでしょうか？　たとえ重要な相手からの電話でも、時間を浪費してしまっては仕事の生産性は上がりません。手早く用件を済ますことができるのが一番いいのですが、そもそもなぜ電話が長くなってしまうのでしょうか？　**それは相手の話を真剣に聞こうとするあまり、相手の言葉に集中してしまうから**です。

言葉に集中すると話が脱線しがち

ほんとですよね〜。
この間なんて、
こんなことがあって…

あれ。なんの話を
していたんだっけ？

全神経を言葉に集中して聞くと、人の脳はその言葉から派生するイメージが頭に思い浮かびます。そして、「そうですよね、先日こんなことがあって」と話がどんどんふくらんでしまうのです。そうならないためには、まず結論から話すこと。「打ち合わせの件ですね。日時と注意事項の共有まで話しましょうか」と**事前にゴールを決めておくと、頭の中に話の筋道ができます。**もし話が脱線しそうになっても、明らかにそれている場合は話を元に戻すことができるようになります。また、話が複雑になっても、何が結論でその根拠が何かを意識して話すと、論点が明確になり話の脱線に気がつきやすくなります。

話の脱線を防ぐコツ

話が脱線したら元に戻す。

GOAL

ゴールに向かって話を進める

脱線を防ぐコツ

今日は○○まで決めましょう！

私はBだと思います。というのもAなので…

A ➡ B

・あらかじめゴールを決める

・根拠を明らかにして論点を示す

04 「シンプルな結論から」が誤解を防ぐ

電話やオンラインでの行き違いはなるべく避けたいものです。
誤解を生まないような話し方にはコツがあります。

電話やオンラインでのやりとりでは、信じられないような伝達ミスが起きたりします。本人が有意義な話し合いができたと思っても、後日確認すると意見の食い違いがあったりします。また、間違えそうな箇所を念押ししたにもかかわらず、誤解して伝わってしまうこともあります。**「言った。言ってない」という不毛なやりとりを避けるためには、相手にシンプルに伝えることが大切です。**例えば何かお願いするのであれば、「B をしてください」とシンプルに伝えるようにしましょう。

電話では伝え間違いがよく起こる

電話直後　　　　　　　　　　　　数日後

有意義な話し合いができた。

A って言いましたよね？

いや、そんなこと言ってないです。

共通認識を持とうとするあまり、「失敗した前例があり、先生もよくないと言っていたので、Bにしてください」と理由を先に説明してしまうと、伝えたい結論が頭に残らなくなってしまいます。それどころか、理由のイメージが強く残ると、それに引っ張られて結論が誤解されてしまったりします。**結論から話して、ムダな話を極力しない。それができると相手に誤解なく話が伝わるようになります。**また、「Bがいいですよね？」とあいまいな話し方も厳禁。意見を求められただけだと思い、深く考えず、返事をしている場合があります。してほしいことを、相手にはっきりと伝えるようにしましょう。

結論をシンプルに伝える

相手が何をすればいいのか的確に伝え、
ムダな話をしなければ、間違いなく伝わる

05 オンラインで信頼される話し方のコツ

オンラインでの見え方を意識すると話に説得力があるように感じられ、打ち合わせや商談で信頼感が増します。

リモートワークの普及によって、ビジネス環境は大きく変わりました。今までは必ず対面で行っていたような商談や顔合わせも、オンライン上で行われるようになりました。オンライン上での会話は、対面と違う部分がいくつかあります。例えば、相手の見る位置。**カメラ位置が低いと下から撮影されることになるため、見栄えや印象が悪くなります**。また、顔の近すぎ・遠すぎ、中心からずれているなど、ちょっとしたことで「この人は大丈夫かな」と不信感を持たれるように

カメラ位置で印象が大きく変わる

チェックポイント

カメラは顔の正面にあるか？

画面中央に写っているか？

寄りすぎたり、引きすぎたり、していないか？

なります。それだといくら上手に話しても、信用を得ることはできません。またリアクションの大きさにも要注意です。パソコンの小さい画面では相手の細かな動きまでは認識することができません。相手の話に共感していることを示しているつもりが、うなずきが小さいとリアクションをしていないように見えてしまいます。**相手との関係を深めるためにも、リアクションは大きく、相づちをはっきり打つことを心掛けましょう**。打ち合わせの前に自分の映り方を確認し、好印象を与えられるか確認しておくのがおすすめです。また、人数が多い場合は手を挙げてから発言すると、かぶらずに発言することができます。

表情・リアクションはなるべく大きく

カメラ映りのよい表情を覚えておこう

リアクションは大きく伝わるように

大人数の WEB 会議で
異論や補足があるときは
すぐ発言せずに
挙手してから発言する

06 オンライン会議で 説得力が増す資料づくり

資料の共有がしやすいのが、オンライン会議のメリットです。
それを最大限に生かせる資料の使い方を覚えましょう。

数字やグラフはあるだけで話し手の説得力を高めてくれます（p98）。オンラインのツールは手軽に画面共有ができるのがメリット。話に説得力を持たせるためにも、積極的に資料を共有するようにしましょう。たいした資料ではない「さしあたり資料」でも、**目に見える数字やグラフがあるだけで相手に伝わりやすくなります。** ただし、どうしても通したい企画がある場合など、外せない会議の場合は**資料のつくり方**を工夫しましょう。ひとつの画面にグラフや数値などの要素

オンラインは資料の共有を切り出しやすい

資料共有
させてください

ツールの資料共有機能で
簡単にデータを共有できる

がぎっちり詰まっていると、相手は読み解くのに必死で肝心の結論が伝わりにくくなります。不要な部分を根こそぎ落とし、インパクトがある数字やグラフを優先して残すようにしましょう。とくに数字は見せ方しだいで相手の印象を大きく左右することができます（p98）。また、長々とした文章をそのまま共有するのも NG。読みながら話したいと考えるかもしれませんが、「結論はシンプルに（p50）」という原則にのっとって、相手が知りたい結論をシンプルに書くようにしましょう。**読むのではなく「内容がスッと頭に入ってくる」と感じるくらい、短くわかりやすいのが理想です。**

資料には詰め込みすぎない

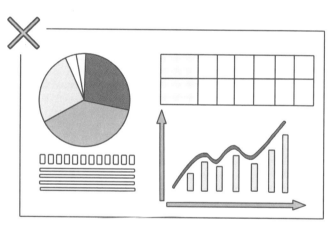

グラフや表が多く、文字がぎっちり詰まっていると理解しにくい

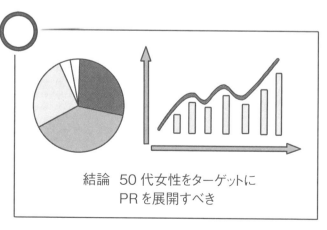

グラフや表、言葉を絞るとスムーズに伝わる

結論　50 代女性をターゲットに
PR を展開すべき

ファシリテーターの WEB会議での3つの仕事

意見交換を活発化させるファシリテーターは、WEB 会議にこそ必要な役割です。進行の基本を押さえましょう。

WEB 会議では対面と違って、意見を言うタイミングがつかみにくいものです。また参加者全員のリアクションがつかめないことも、発言のハードルを上げます。意見交換がうまくいかず、結論がまとまるまで対面よりも時間がかかってしまうこともあります。そんな WEB 会議で意見を活発化させつつ、進行を担うのが**ファシリテーター**です。**ファシリテーターの仕事は「準備」「進行」「意見の集約」の3つに分けることができます。**準備では、事前に会議の目的を明確に

ファシリテーターに求められる役割

します。何をどこまで決めるのかを参加者に共有するようにしましょう。また、目的達成に向けて何をどのくらいの時間をかけて話すのか、時間配分も決めておきます。当日の進行では、話を上手に聞くことが必要です。発言者は参加者のリアクションが気になるもの。**イメージ傾聴（p22）をしつつ積極的に相づちを打ち、発話者が話しやすくなるように心掛けます**。また、その分野に詳しい人や発表したい人がいれば話を振るようにします。そして最後は全体の反応がよかった意見をもとに、議論をまとめていきます。このときファシリテーターは結論を誘導しないように、客観的な視点を持つことが大切です。

スムーズな進行は準備がカギ

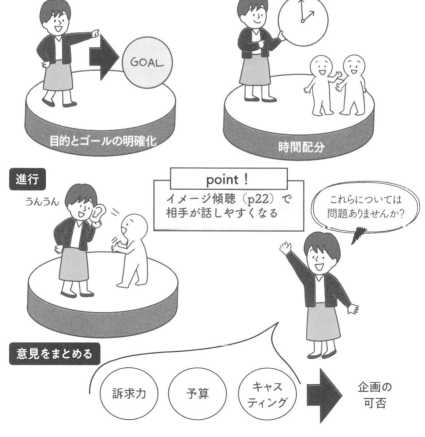

08 オンラインの最強ツール メモをフル活用しよう

話し下手な人にとって電話やオンラインで話すのは苦痛ですが、事前準備で論理的な話し方を意識することができます。

要領の得ない話し方をすると、普段の会話よりも電話やオンラインで余計に際立ってしまいます。直接対面していれば、「つまり何が言いたいの？」とツッコミを入れることができますが、電話やオンラインではそれが難しくなります。また事前共有がしづらいうえに、対面よりニュアンスを察してもらうのが難しくなります。相手に理解されないまま長々と話してしまうという状況は、電話やオンラインのほうが起こりやすいのです。**それを避けるには、話の順番を明確**

オンラインで要領を得ないのは命取り

今回のプランなのですが…

わかりにくいけどあとで聞こう

対面の場合
事前にある程度共有ができる。ニュアンスがふるまいなどから伝わりやすい

話が長いしわかりにくいなぁ

オンラインの場合
事前の意志疎通が取れない。細かなニュアンスが伝わらない

にすることが大切です。「結論を短い言葉で伝えて (P52)」、そこから「理由と具体例をつけ加える(p62)」という黄金ルールを守ると話は伝わりやすくなります。**普段の会話と違い、電話やオンラインではメモを見ながら話せるというのがポイント**です。「どういう順番で」「どんな話をするのか」「根拠となる話は何か」を確かめながら話せるので、準備さえしっかりすれば伝え漏れがなくなります。また、聞かないといけない内容を事前にメモしておくことで、聞き漏れがなくなります。論理的な話し方を身につける練習にもなるので、電話やオンラインのときは簡単な**メモを活用**する習慣をつけるようにしましょう。

オンラインこそ話の順番が大切

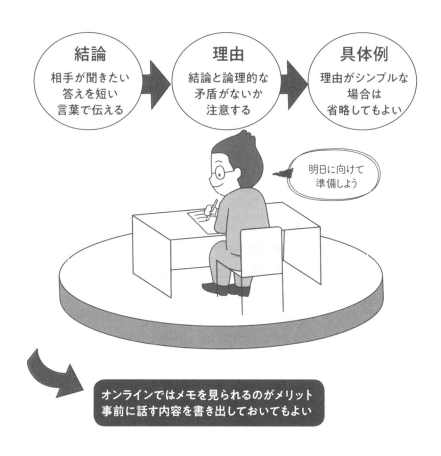

09

「語尾活用」「状況推理」で "チャット揉め"を防ぐ

話し方と同じく、チャットの伝え方はこれからのビジネスシーンで重要です。誤解させない伝え方を理解しましょう。

リモートワークの普及で活用されるようになったチャット。手軽に送れて複数人で共有できるのが魅力ですが、急な導入で使いこなせていない場合が多いようです。とくに、チャットで「怒っているように読めてしまう」という事例が増えています。**相手に指摘をしただけなのに、感情的になっているように取られてしまう**のです。そういった誤解が起きてしまう理由はふたつ。ひとつ目は、文章によるやりとりで感情が伝わりにくいから。メールと違い、チャットでは用件だけ

何気ないチャットで不安になる

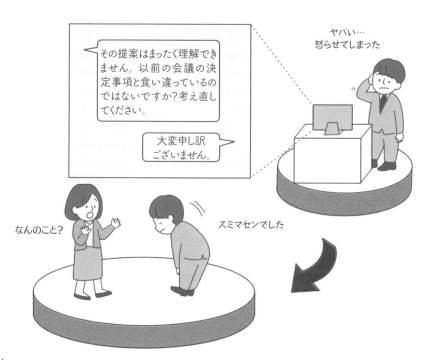

その提案はまったく理解できません。以前の会議の決定事項と食い違っているのではないですか？考え直してください。

大変申し訳ございません。

ヤバい…
怒らせてしまった

なんのこと？

スミマセンでした

をシンプルに書きます。そのため**そっけない文章**になり、相手がどういう感情かわかりにくいのです。ふたつ目は、直接会う回数が減ったため相手の近況がわからないから。毎日顔を合わせていれば「この人はこれくらいで怒らないだろう」とわかるものですが、しばらく会っていないとその感覚がわからなくなってしまいます。誤解を防ぐには、語尾で感情を表すことが大切です。「ではないですか→かな」「です→だよね」など、**語尾を柔らかくするだけで怒っていないのが伝わります**。リモートでは相手の状況を把握しきれていないものです。断定するのを避け、相手を気遣う姿勢を忘れないようにしましょう。

誤解を生まない秘訣は語尾にあり

10 「ニュースの共有」で チーム力を高める

WEB会議で意識的に雑談の時間をつくると、チーム力の向上と話し方の上達につながります。

リモートワークにはメリットがある一方で、コミュニケーションが不足するのも事実。チームの生産性を上げるためには、活発にコミュニケーションを取る必要があります。しかし、オンライン上のやりとりで業務以外のことでコミュニケーションを全員と取るのは、意外とハードルが高いもの。オンライン会議後に話そうとしても、そう長々とは話しにくいでしょう。そういう場合に**おすすめの方法は、チームメンバーが集まる会議のときに雑談の時間をつくること**。例えば、ニュー

オンラインでの雑談はハードルが高い

スの交換を習慣化するのもいいでしょう。内容はテレビなどで気になったニュースでも、自分の周りで起きたニュースでも構いません。どんなニュースのどこが気になったのかを話すと、その人の人柄が伝わり、関係性が深まります。話し手はイメージが思い浮かぶように話し、聞く側は映像をイメージしながら実際に体験しているようにリアクションするのが大切です。**それを繰り返していくと、チーム内でコミュニケーションブリッジ（p124）ができ上がります**。加えて「どこがおもしろかったのかシンプルに話す」「聞き手の心が動くようにする」を意識すると、話し方の練習にもなります。

会議時のニュース交換を習慣化する

気になったニュースを聞く

甲子園が
おもしろくて

メリット
共通の話題で
会話が盛り上がりやすい
映像がイメージしやすく
聞く練習になる

わが家のニュースを発表する

子猫を2匹預かる
ことになりまして…

メリット
感情をこめて話せるので
親密になりやすい
話し手の個性や特徴が
出やすく、メンバーの
理解につながる

◉ 主要参考文献

『大事なことは3語で伝えなさい 短い言葉は心に刺さる』
野口 敏 著（PHP研究所）

『誰とでも15分以上 ホントに！会話がとぎれない！話し方50のルール』
野口 敏 著（すばる舎）

『相手の頭に「絵」が浮かぶように話しなさい 100%伝わる！説明のコツ』
野口 敏 著（PHP研究所）

『「言葉にできる」は武器になる。』
梅田悟司 著（日本経済新聞出版社）

『カーネギー 心を動かす話し方──一瞬で人を惹きつける秘訣』
D. カーネギー 著、山本悠紀子 監修、田中融二 訳（ダイヤモンド社）

『スティーブ・ジョブズ 驚異のプレゼン』
カーマイン・ガロ 著、外村仁 解説、井口耕二 訳（日経BP社）

『パーソナル・インパクト「印象」を演出する、最強のプレゼン術』
マーティン・ニューマン、小西あおい 著（ソル・メディア）

『「コミュ障」だった僕が学んだ話し方』
吉田照美 著（集英社）

『博報堂スピーチライターが教える 口下手のままでも伝わるプロの話し方』
ひきたよしあき 著（かんき出版）

『人が動きたくなる言葉を使っていますか』
ひきたよしあき 著（大和書房）

『話し方で損する人 得する人』
五百田達成 著（ディスカヴァー・トゥエンティワン）

『超雑談力 人づきあいがラクになる 誰とでも信頼関係が築ける』
五百田達成 著（ディスカヴァー・トゥエンティワン）

『1分で話せ 世界のトップが絶賛した大事なことだけシンプルに伝える技術』
伊藤羊一著（SBクリエイティブ）

『人は話し方が9割』
永松茂久 著（すばる舎）

『世界最高の話し方──1000人以上の社長・企業幹部の話し方を変えた！「伝説の家庭教師」が教える門外不出の50のルール』
岡本純子 著（東洋経済新報社）

⚾STAFF

編集	木村伸司（G.B.）、内山ゆうき
執筆協力	内山ゆうき
本文イラスト	しゅんぶん
カバーイラスト	ぷーたく
カバー・本文デザイン	別府拓（Q.design）
DTP	ハタ・メディア工房株式会社

監修 野口 敏(のぐち さとし)

1959年生まれ。株式会社グッドコミュニケーション代表取締役。1989年に「TALK＆トーク話し方教室」を設立。スピーチ・営業・プレゼンテーション・雑談などコミュニケーションに関するあらゆる分野のスペシャリスト。企業の社員教育、人材を育てる力のあるリーダー養成など、幅広い講演活動も精力的にこなす。著書に『誰とでも15分以上 会話がとぎれない! 話し方66のルール』(すばる舎)、『大事なことは3語で伝えなさい 短い言葉は心に刺さる』(PHP研究所)など。「会話がとぎれない! 話し方」シリーズ(すばる舎)は累計120万部を突破しミリオンセラーとなっている。

一目置かれる「会話力」がゼロから身につく!

超一流の話し方
見るだけノート

2021年6月8日　第1刷発行

監修　　　野口 敏

発行人　　蓮見清一
発行所　　株式会社 宝島社
　　　　　〒102-8388
　　　　　東京都千代田区一番町25番地
　　　　　電話　営業:03-3234-4621
　　　　　　　　編集:03-3239-0928
　　　　　https://tkj.jp

印刷・製本　サンケイ総合印刷株式会社